ESQUEMAS DE DERECHO INTERNACIONAL PÚBLICO

Procedimiento de selección de originales, ver página web:
www.tirant.net/index.php/editorial/procedimiento-de-seleccion-de-originales

ACCESO GRATIS ***a la Lectura en la Nube***

Para visualizar el libro electrónico en la nube de lectura envíe junto a su nombre y apellidos una fotografía del código de barras situado en la contraportada del libro y otra del ticket de compra a la dirección:

ebooktirant@tirant.com

En un máximo de 72 horas laborables le enviaremos el código de acceso con sus instrucciones.

ESQUEMAS DE DERECHO INTERNACIONAL PÚBLICO

WALTER ARÉVALO RAMÍREZ
ANDRÉS ROUSSET SIRI

EQUIPO DE TRABAJO

Investigadores:

Gabriel Andrés Concha Botero
Andrea Guerrero Huertas
Sarah Viviana Diab González
Isabella Echeverri Arango

tirant lo blanch
Bogotá D.C., 2025

En caso de erratas y actualizaciones, la Editorial Tirant lo Blanch publicará la pertinente corrección en la página web www.tirant.com.

EDITA: TIRANT LO BLANCH
Calle 11 # 2-16 (Bogotá D.C.)
Telf.: 4660171
Email: tlb@tirant.com
Librería virtual: www.tirant.com/co/
ISBN 978-84-1095-966-8

Si tiene alguna queja o sugerencia, envíenos un mail a: *atencioncliente@tirant.com*. En caso de no ser atendida su sugerencia, por favor, lea en *www.tirant.net/index.php/empresa/politicas-de-empresa* nuestro procedimiento de quejas.

Responsabilidad Social Corporativa: http://www.tirant.net/Docs/RSCTirant.pdf

Índice

Capítulo 1

SUJETOS DEL DERECHO INTERNACIONAL

Capítulo 2

FUENTES DEL DERECHO INTERNACIONAL

Capítulo 3

RESPONSABILIDAD INTERNACIONAL POR HECHOS INTERNACIONALMENTE ILÍCITOS

Capítulo 4

CORTE INTERNACIONAL DE JUSTICIA

Capítulo 5

PRINCIPALES ÓRGANOS DE NACIONES UNIDAS

Capítulo 6

TRIBUNAL DEL MAR

Capítulo 7

ORGANIZACIÓN MUNDIAL DEL COMERCIO

Capítulo 8

CIADI

Capítulo 9

SISTEMA UNIVERSAL DE PROTECCIÓN DE DERECHOS HUMANOS

Capítulo 10

SISTEMAS REGIONALES DE PROTECCIÓN DE DERECHOS HUMANOS

Introducción

El presente libro ofrece una aproximación dinámica y práctica al estudio del derecho internacional público a través de esquemas claros y precisos que facilitan la comprensión de sus principales conceptos y desarrollos. Frente a la complejidad y la constante evolución de esta disciplina, esta obra se propone como una herramienta accesible para estudiantes, académicos y profesionales que buscan una visión estructurada y sistemática de sus aspectos fundamentales. Esta obra, complementaria al libro *Manual de Derecho Internacional Público; Fundamentos, Tribunales Internacionales y casos de estudio del* autor, es fruto del trabajo de varios años dedicados a la enseñanza de esta disciplina.

El derecho internacional público regula las relaciones entre los sujetos de la comunidad internacional y se encuentra en permanente interacción con diversas ramas del conocimiento y la práctica jurídica. En este contexto, este libro aborda los 10 ejes esenciales de la disciplina mediante una organización temática que cubre los pilares básicos del derecho internacional y sus principales instituciones. Los capítulos que lo conforman incluyen el estudio de los sujetos del derecho internacional, las fuentes normativas, la responsabilidad internacional del Estado por hechos internacionalmente ilícitos, y el funcionamiento de tribunales y organizaciones internacionales relevantes, tales como la Corte Internacional de Justicia, el Tribunal Internacional del Derecho del Mar, el sistema de solución de diferencias de la Organización Mundial del Comercio y el arbitraje del CIADI.

Asimismo, la obra dedica especial atención a los sistemas de protección de los derechos humanos en el ámbito universal y regional, examinando los principales mecanismos e instituciones dedicadas a la promoción y garantía de estos derechos. Este enfoque permite a los lectores comprender no solo la estructura normativa del derecho internacional público, sino también sus implicaciones prácticas en el mundo contemporáneo.

Lejos de limitarse a una exposición teórica, este libro de esquemas busca fomentar el aprendizaje a través de una metodología visual y organizada, que permite identificar de manera rápida y eficaz los elementos centrales de cada temática. En cada esquema, los lectores podrán encontrar referencias, ejemplos y casos prácticos, convirtiéndose en una verdadera obra de consulta.

Con ello, se ofrece una herramienta útil tanto para quienes se acercan por primera vez al derecho internacional como para aquellos que buscan consolidar y reforzar sus conocimientos en la materia. A través de esta obra, el estudio del derecho internacional público se convierte en un ejercicio accesible y sistemático, promoviendo una comprensión integral de sus principios y aplicaciones.

Aproximaciones teóricas al Derecho Internacional

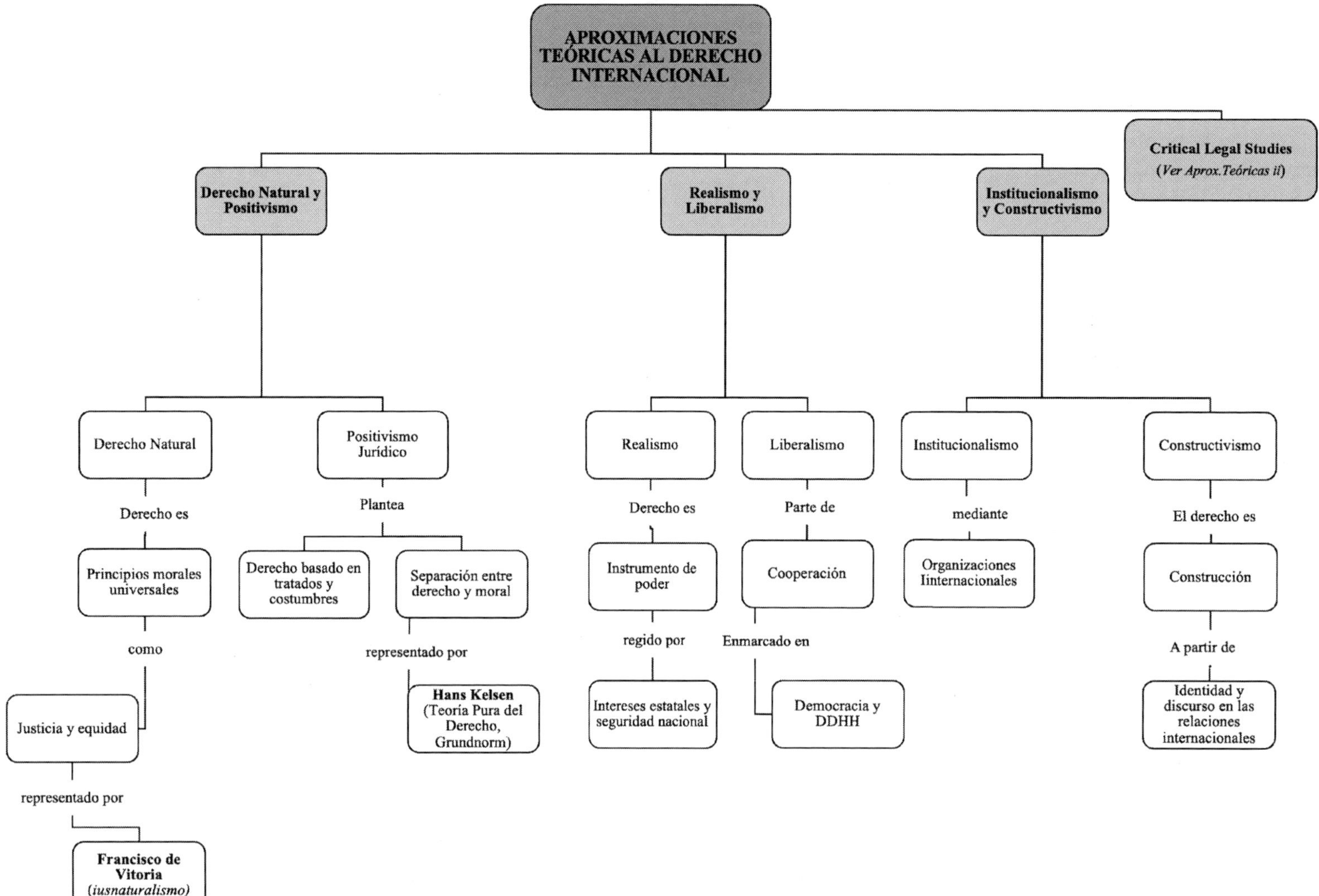

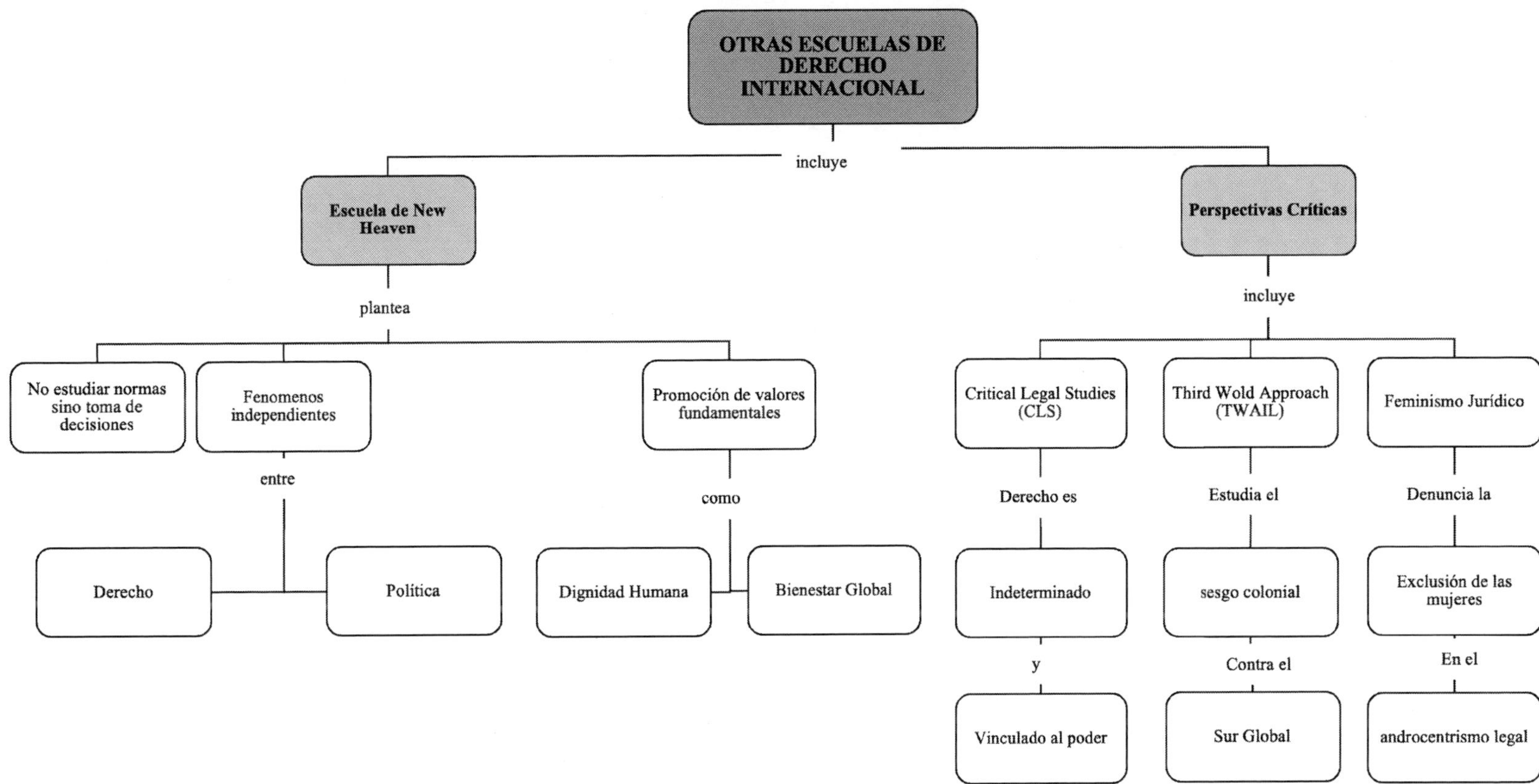
OTRAS ESCUELAS DE DERECHO INTERNACIONAL
incluye
Escuela de New Heaven
Perspectivas Críticas
plantea
No estudiar normas sino toma de decisiones
Fenomenos independientes
Promoción de valores fundamentales
entre
Derecho
Política
como
Dignidad Humana
Bienestar Global
incluye
Critical Legal Studies (CLS)
Third Wold Approach (TWAIL)
Feminismo Jurídico
Derecho es
Indeterminado
y
Vinculado al poder
Estudia el
sesgo colonial
Contra el
Sur Global
Denuncia la
Exclusión de las mujeres
En el
androcentrismo legal

Capítulo 1

SUJETOS DEL DERECHO INTERNACIONAL

1.1 Esquema General Sobre Sujetos del Derecho Internacional

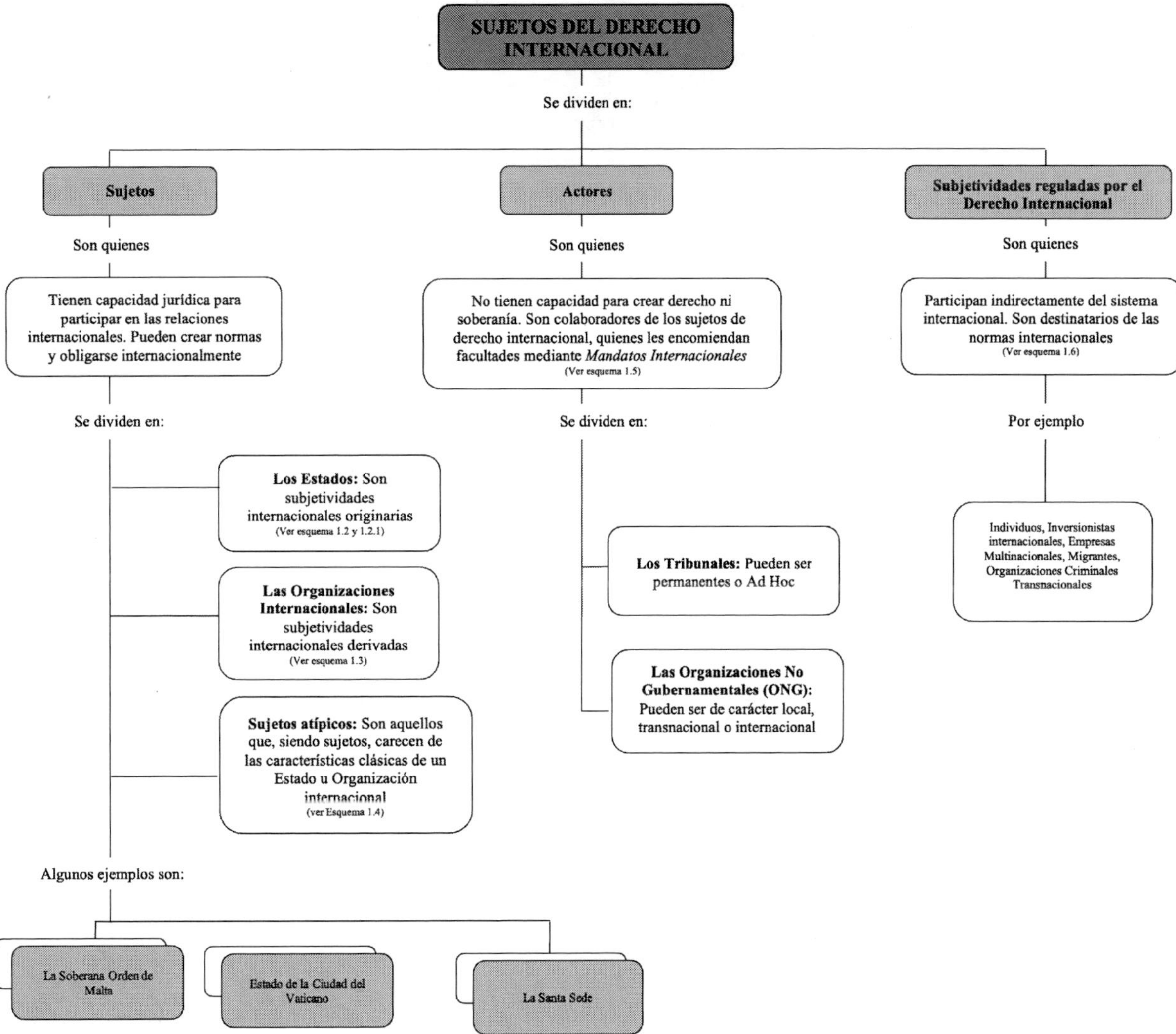

SUJETOS DEL DERECHO INTERNACIONAL
Se dividen en:
Sujetos
Actores
Subjetividades reguladas por el Derecho Internacional
Son quienes
Tienen capacidad jurídica para participar en las relaciones internacionales. Pueden crear normas y obligarse internacionalmente
Son quienes
No tienen capacidad para crear derecho ni soberanía. Son colaboradores de los sujetos de derecho internacional, quienes les encomiendan facultades mediante Mandatos Internacionales (Ver esquema 1.5)
Son quienes
Participan indirectamente del sistema internacional. Son destinatarios de las normas internacionales (Ver esquema 1.6)
Se dividen en:
Los Estados: Son subjetividades internacionales originarias (Ver esquema 1.2 y 1.2.1)
Las Organizaciones Internacionales: Son subjetividades internacionales derivadas (Ver esquema 1.3)
Sujetos atípicos: Son aquellos que, siendo sujetos, carecen de las características clásicas de un Estado u Organización internacional (ver Esquema 1.4)
Se dividen en:
Los Tribunales: Pueden ser permanentes o Ad Hoc
Las Organizaciones No Gubernamentales (ONG): Pueden ser de carácter local, transnacional o internacional
Por ejemplo
Individuos, Inversionistas internacionales, Empresas Multinacionales, Migrantes, Organizaciones Criminales Transnacionales
Algunos ejemplos son:
La Soberana Orden de Malta
Estado de la Ciudad del Vaticano
La Santa Sede

1.2 Capacidad jurídica de los Estados como sujetos de Derecho Internacional

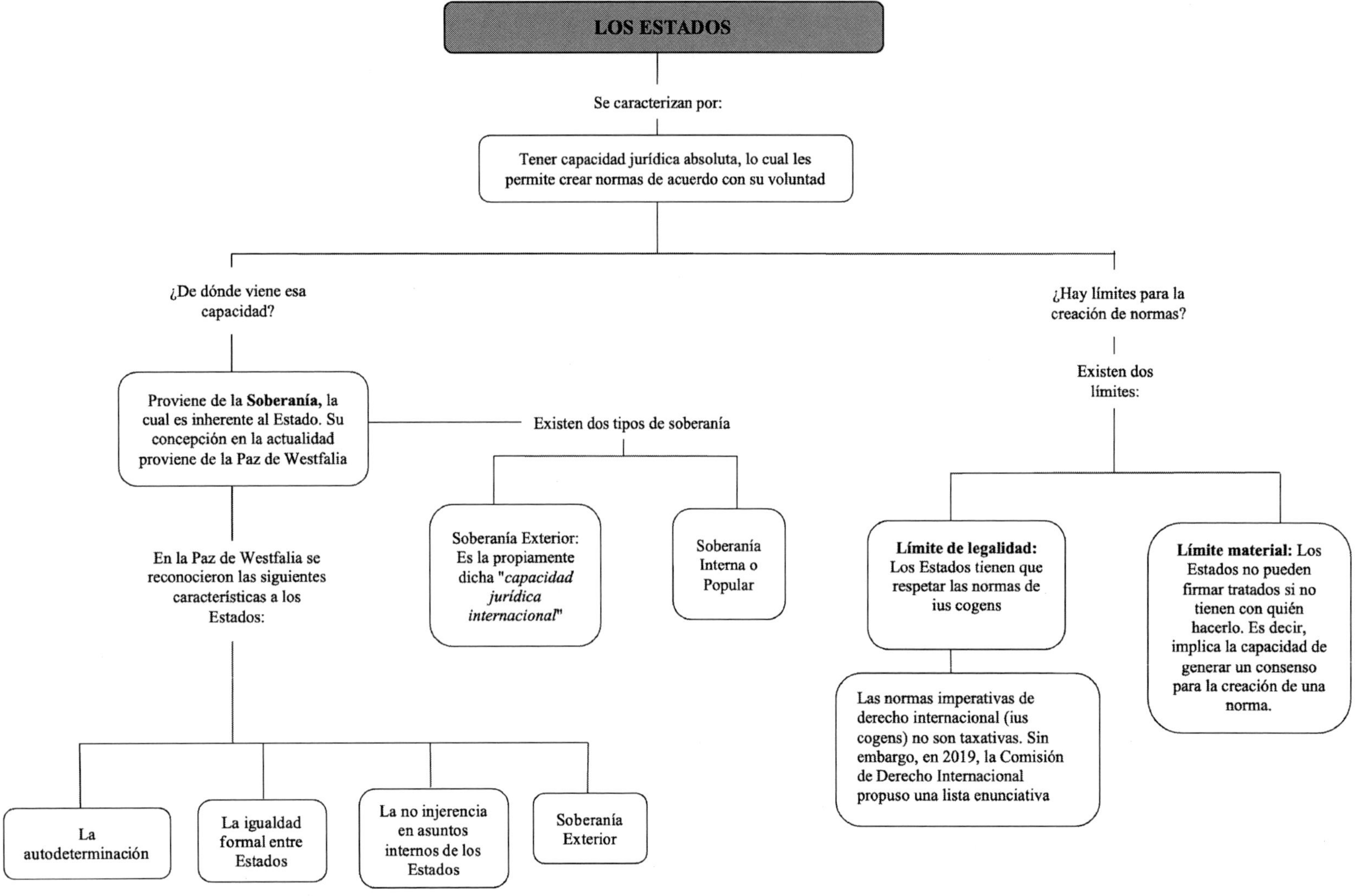
LOS ESTADOS
Se caracterizan por:
Tener capacidad jurídica absoluta, lo cual les permite crear normas de acuerdo con su voluntad
¿De dónde viene esa capacidad?
Proviene de la **Soberanía,** la cual es inherente al Estado. Su concepción en la actualidad proviene de la Paz de Westfalia
Existen dos tipos de soberanía
Soberanía Exterior: Es la propiamente dicha "*capacidad jurídica internacional*"
Soberanía Interna o Popular
En la Paz de Westfalia se reconocieron las siguientes características a los Estados:
La autodeterminación
La igualdad formal entre Estados
La no injerencia en asuntos internos de los Estados
Soberanía Exterior
¿Hay límites para la creación de normas?
Existen dos límites:
Límite de legalidad: Los Estados tienen que respetar las normas de ius cogens
Las normas imperativas de derecho internacional (ius cogens) no son taxativas. Sin embargo, en 2019, la Comisión de Derecho Internacional propuso una lista enunciativa
Límite material: Los Estados no pueden firmar tratados si no tienen con quién hacerlo. Es decir, implica la capacidad de generar un consenso para la creación de una norma.

1.2.1 Elementos del Estado como Sujeto de Derecho Internacional

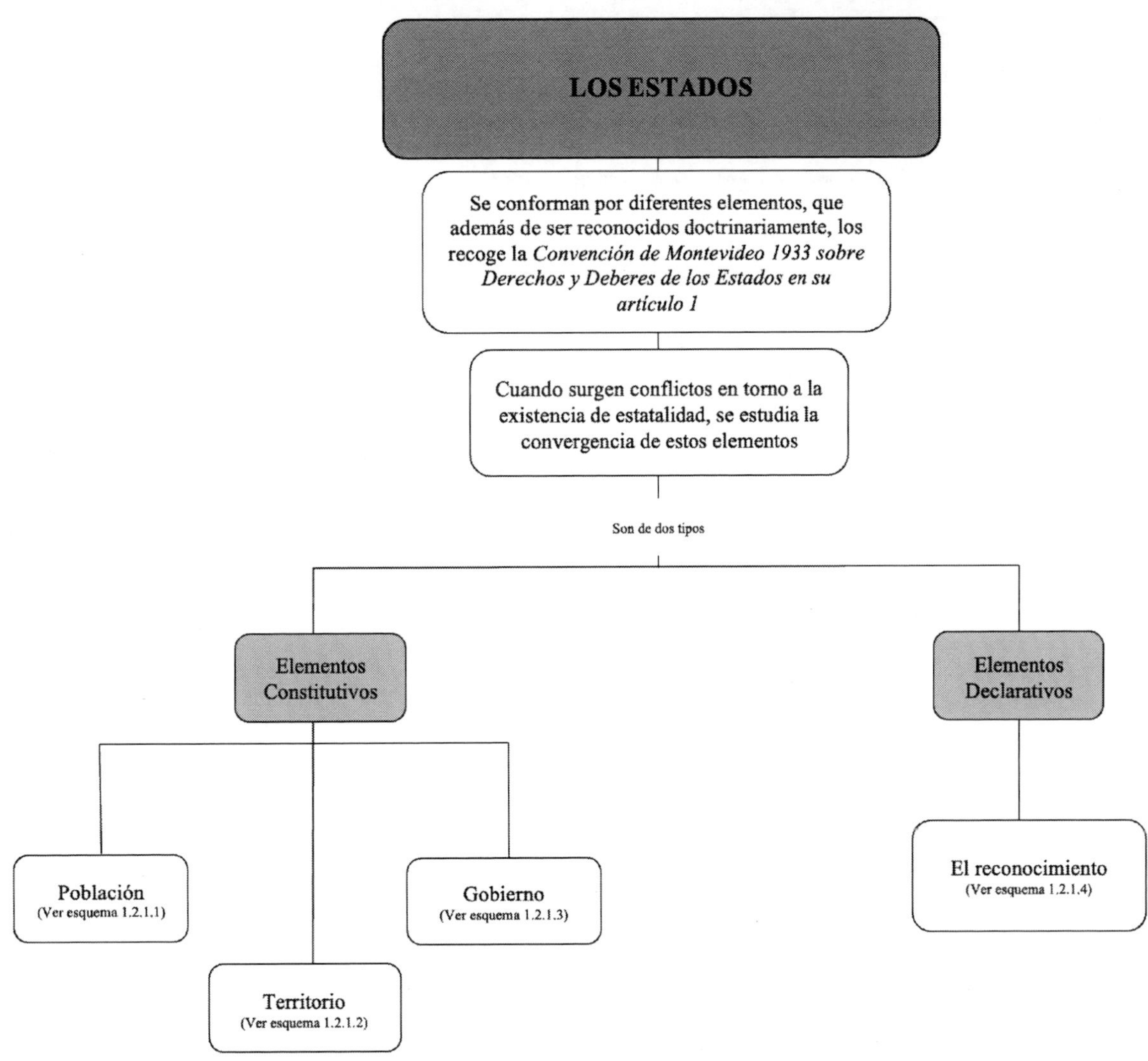
LOS ESTADOS
Se conforman por diferentes elementos, que además de ser reconocidos doctrinariamente, los recoge la *Convención de Montevideo 1933 sobre Derechos y Deberes de los Estados en su artículo 1*
Cuando surgen conflictos en torno a la existencia de estatalidad, se estudia la convergencia de estos elementos
Son de dos tipos
Elementos Constitutivos
Elementos Declarativos
Población
(Ver esquema 1.2.1.1)
Territorio
(Ver esquema 1.2.1.2)
Gobierno
(Ver esquema 1.2.1.3)
El reconocimiento
(Ver esquema 1.2.1.4)

1.2.1.1 La Población como elemento constitutivo del Estado

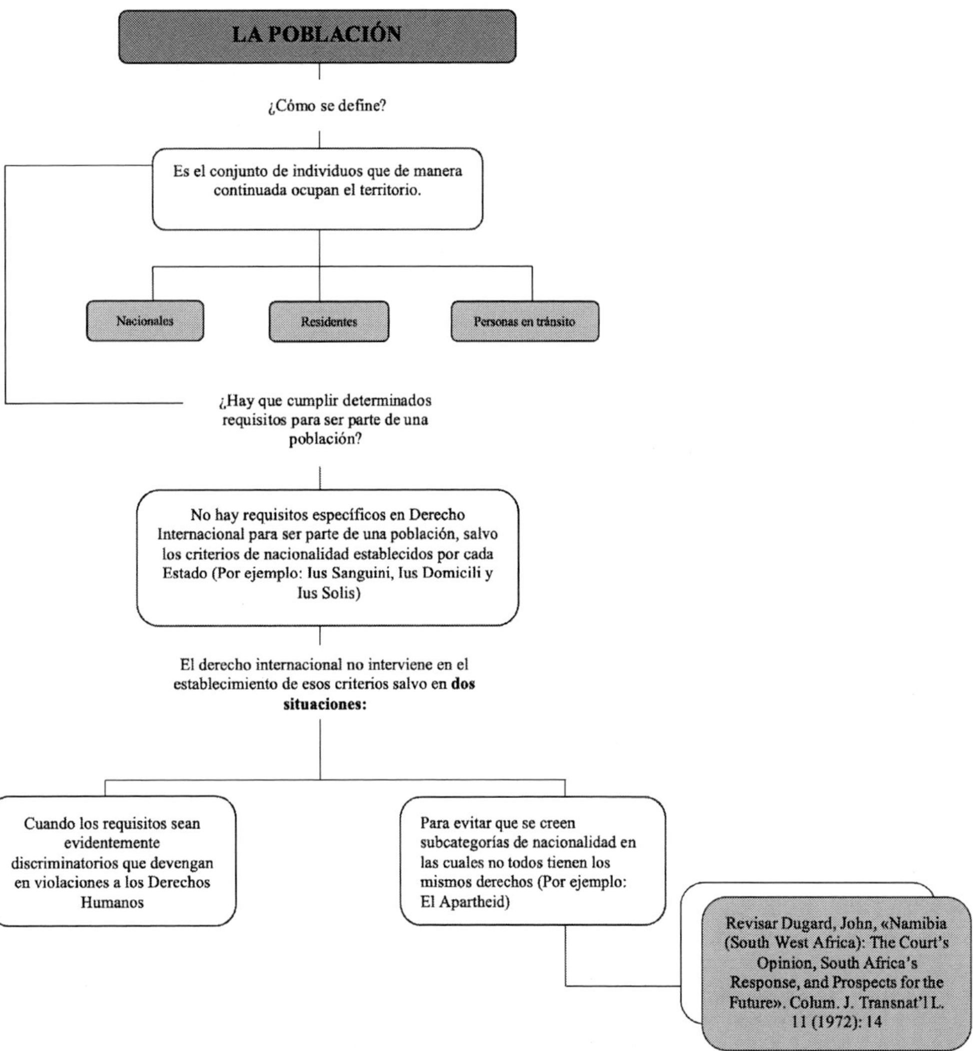
LA POBLACIÓN
¿Cómo se define?
Es el conjunto de individuos que de manera continuada ocupan el territorio.
Nacionales
Residentes
Personas en tránsito
¿Hay que cumplir determinados requisitos para ser parte de una población?
No hay requisitos específicos en Derecho Internacional para ser parte de una población, salvo los criterios de nacionalidad establecidos por cada Estado (Por ejemplo: Ius Sanguini, Ius Domicili y Ius Solis)
El derecho internacional no interviene en el establecimiento de esos criterios salvo en **dos situaciones:**
Cuando los requisitos sean evidentemente discriminatorios que devengan en violaciones a los Derechos Humanos
Para evitar que se creen subcategorías de nacionalidad en las cuales no todos tienen los mismos derechos (Por ejemplo: El Apartheid)
Revisar Dugard, John, «Namibia (South West Africa): The Court's Opinion, South Africa's Response, and Prospects for the Future». Colum. J. Transnat'l L. 11 (1972): 14

1.2.1.2 El Territorio como elemento constitutivo del Estado

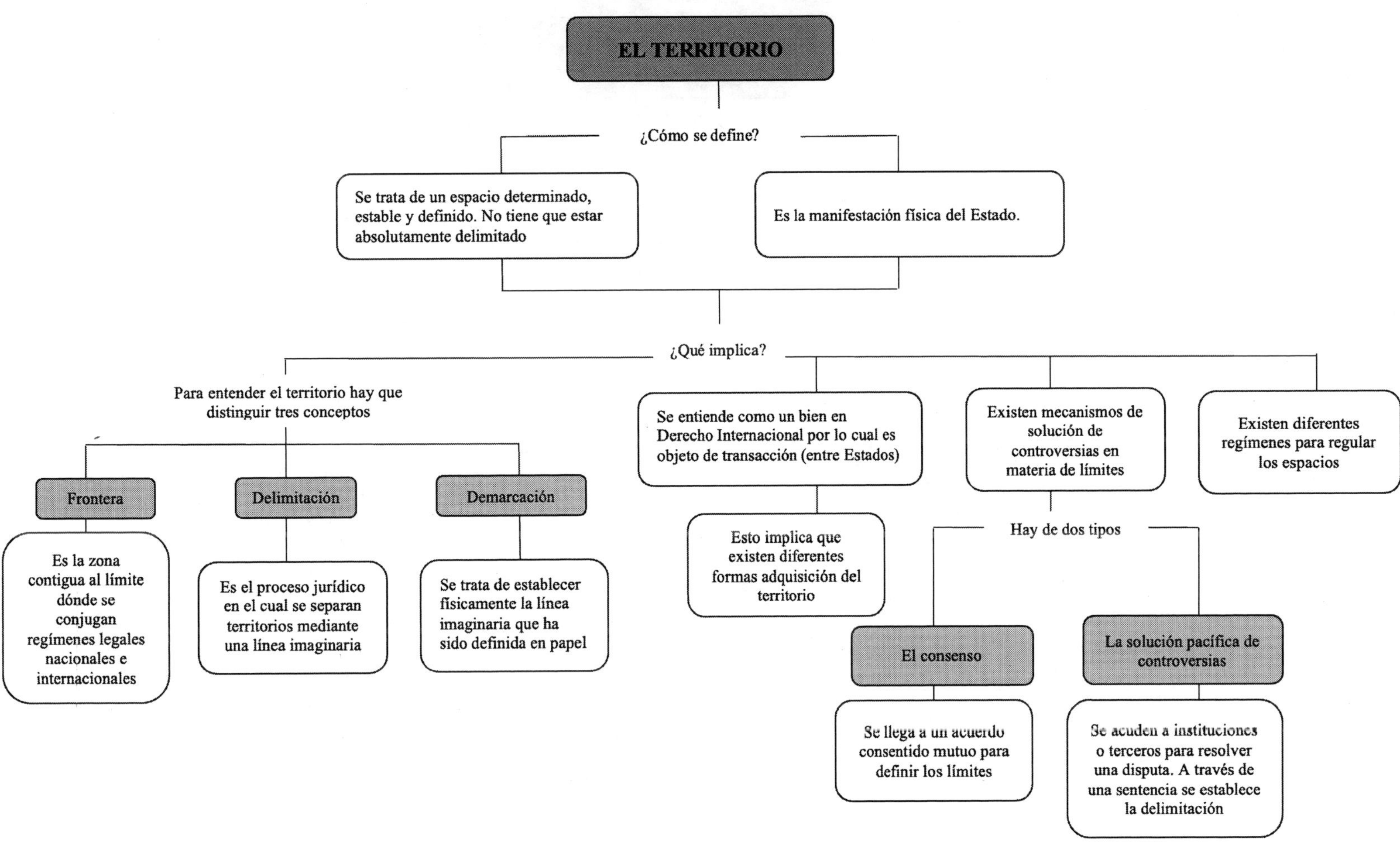
EL TERRITORIO
¿Cómo se define?
Se trata de un espacio determinado, estable y definido. No tiene que estar absolutamente delimitado
Es la manifestación física del Estado.
¿Qué implica?
Para entender el territorio hay que distinguir tres conceptos
Frontera
Es la zona contigua al límite dónde se conjugan regímenes legales nacionales e internacionales
Delimitación
Es el proceso jurídico en el cual se separan territorios mediante una línea imaginaria
Demarcación
Se trata de establecer físicamente la línea imaginaria que ha sido definida en papel
Se entiende como un bien en Derecho Internacional por lo cual es objeto de transacción (entre Estados)
Esto implica que existen diferentes formas adquisición del territorio
Existen mecanismos de solución de controversias en materia de límites
Hay de dos tipos
El consenso
Se llega a un acuerdo consentido mutuo para definir los límites
La solución pacífica de controversias
Se acuden a instituciones o terceros para resolver una disputa. A través de una sentencia se establece la delimitación
Existen diferentes regímenes para regular los espacios

1.2.1.2.1 Modos de adquisición del territorio

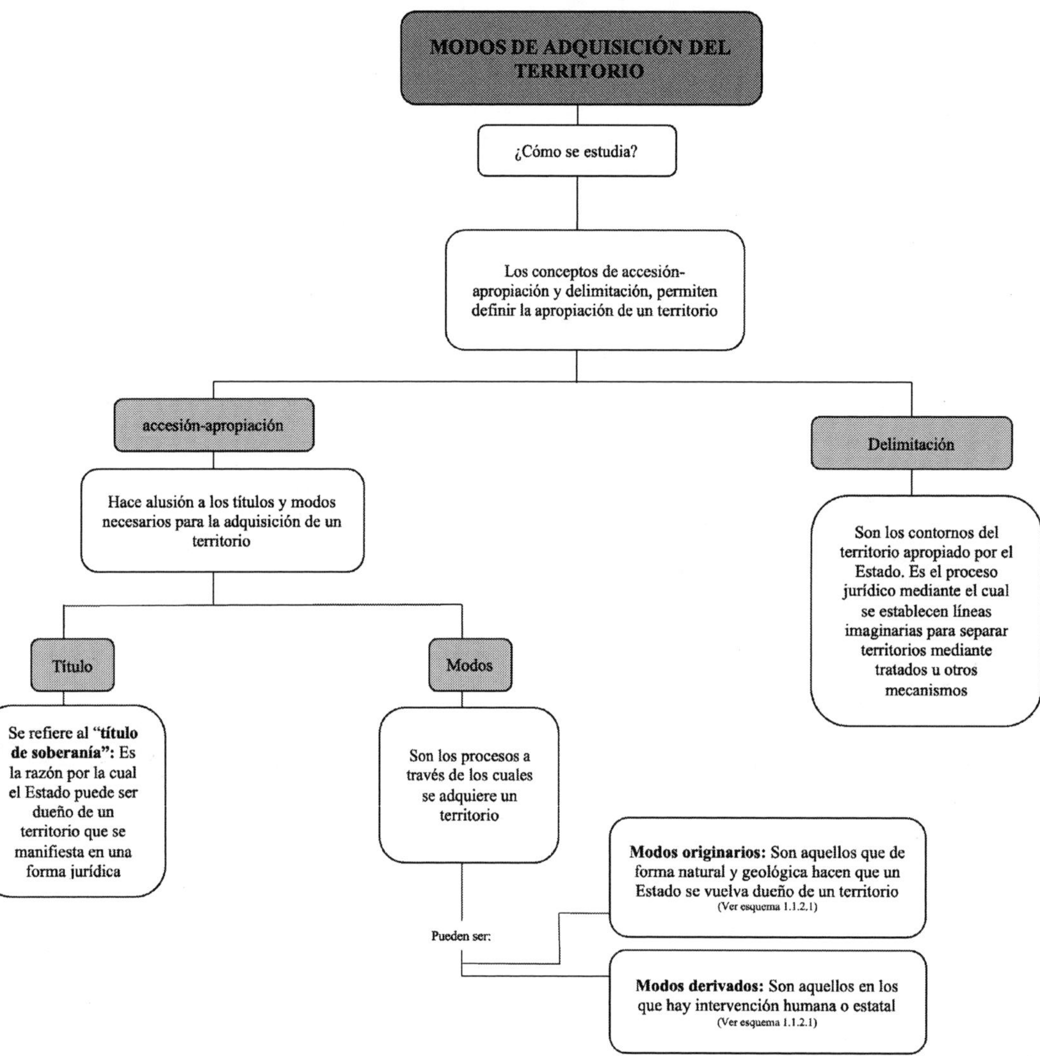
MODOS DE ADQUISICIÓN DEL TERRITORIO
¿Cómo se estudia?
Los conceptos de accesión-apropiación y delimitación, permiten definir la apropiación de un territorio
accesión-apropiación
Hace alusión a los títulos y modos necesarios para la adquisición de un territorio
Título
Se refiere al "título de soberanía": Es la razón por la cual el Estado puede ser dueño de un territorio que se manifiesta en una forma jurídica
Modos
Son los procesos a través de los cuales se adquiere un territorio
Pueden ser:
Modos originarios: Son aquellos que de forma natural y geológica hacen que un Estado se vuelva dueño de un territorio
(Ver esquema 1.1.2.1)
Modos derivados: Son aquellos en los que hay intervención humana o estatal
(Ver esquema 1.1.2.1)
Delimitación
Son los contornos del territorio apropiado por el Estado. Es el proceso jurídico mediante el cual se establecen líneas imaginarias para separar territorios mediante tratados u otros mecanismos

1.2.1.2.1.1 Originarios

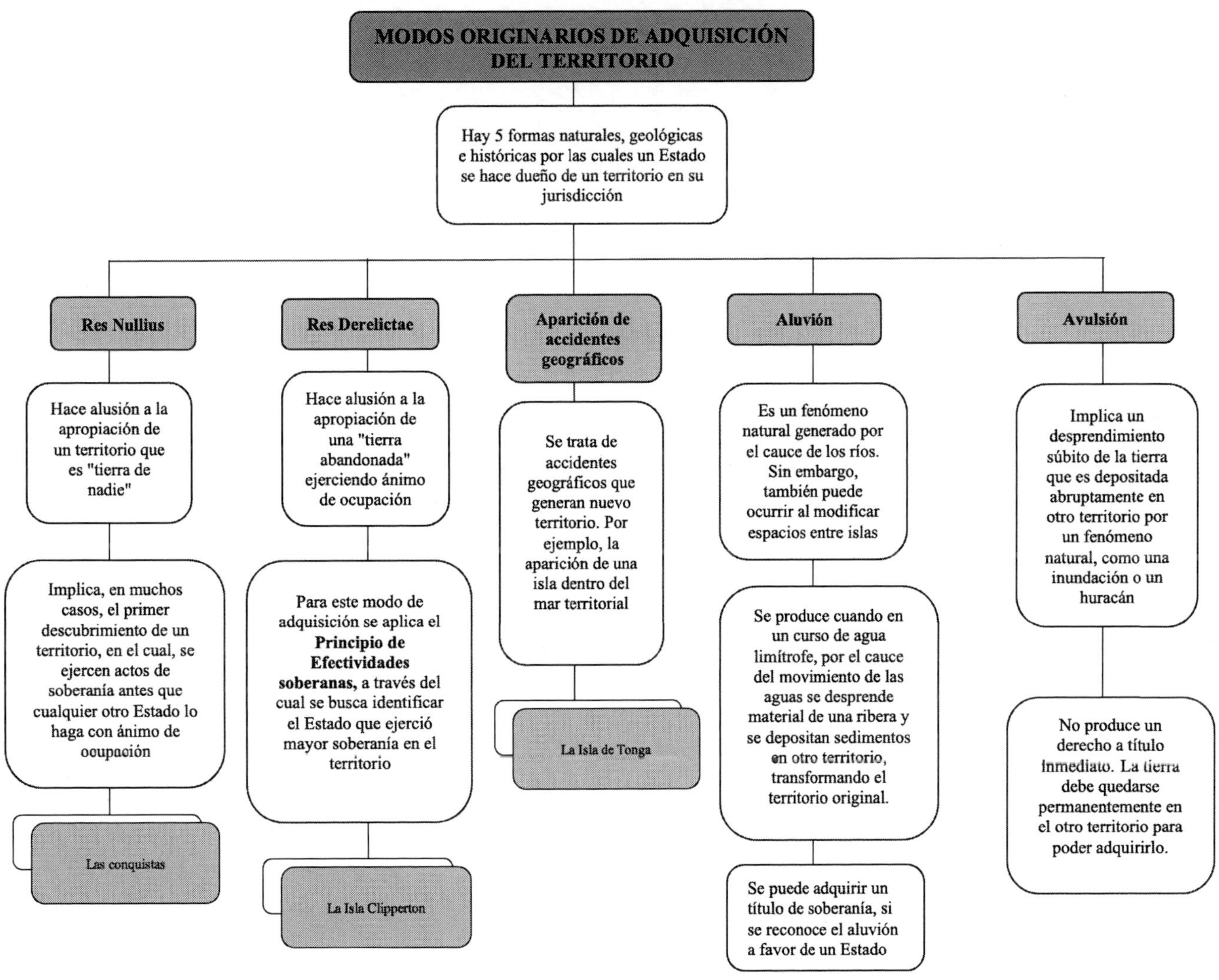
MODOS ORIGINARIOS DE ADQUISICIÓN DEL TERRITORIO
Hay 5 formas naturales, geológicas e históricas por las cuales un Estado se hace dueño de un territorio en su jurisdicción
Res Nullius
Hace alusión a la apropiación de un territorio que es "tierra de nadie"
Implica, en muchos casos, el primer descubrimiento de un territorio, en el cual, se ejercen actos de soberanía antes que cualquier otro Estado lo haga con ánimo de ocupación
Las conquistas
Res Derelictae
Hace alusión a la apropiación de una "tierra abandonada" ejerciendo ánimo de ocupación
Para este modo de adquisición se aplica el Principio de Efectividades soberanas, a través del cual se busca identificar el Estado que ejerció mayor soberanía en el territorio
La Isla Clipperton
Aparición de accidentes geográficos
Se trata de accidentes geográficos que generan nuevo territorio. Por ejemplo, la aparición de una isla dentro del mar territorial
La Isla de Tonga
Aluvión
Es un fenómeno natural generado por el cauce de los ríos. Sin embargo, también puede ocurrir al modificar espacios entre islas
Se produce cuando en un curso de agua limítrofe, por el cauce del movimiento de las aguas se desprende material de una ribera y se depositan sedimentos en otro territorio, transformando el territorio original.
Se puede adquirir un título de soberanía, si se reconoce el aluvión a favor de un Estado
Avulsión
Implica un desprendimiento súbito de la tierra que es depositada abruptamente en otro territorio por un fenómeno natural, como una inundación o un huracán
No produce un derecho a título inmediato. La tierra debe quedarse permanentemente en el otro territorio para poder adquirirlo.

1.2.1.2.1.2 Derivados

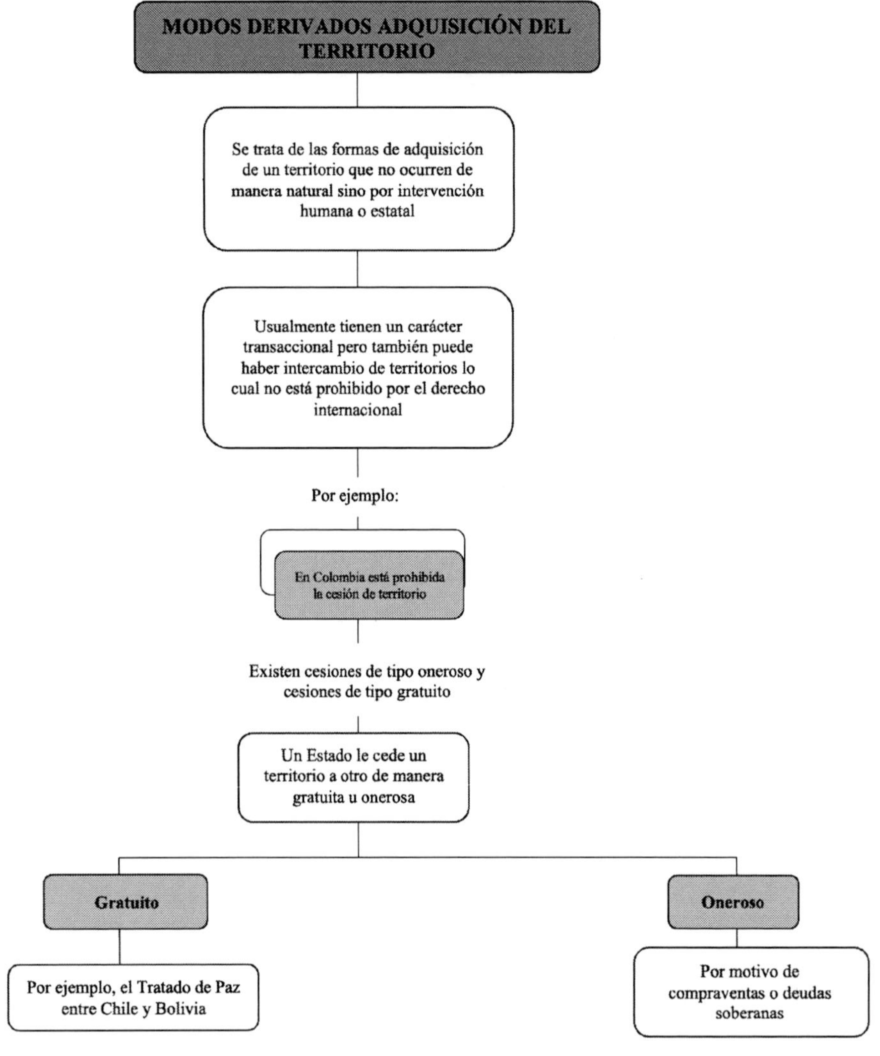
MODOS DERIVADOS ADQUISICIÓN DEL TERRITORIO
Se trata de las formas de adquisición de un territorio que no ocurren de manera natural sino por intervención humana o estatal
Usualmente tienen un carácter transaccional pero también puede haber intercambio de territorios lo cual no está prohibido por el derecho internacional
Por ejemplo:
En Colombia está prohibida la cesión de territorio
Existen cesiones de tipo oneroso y cesiones de tipo gratuito
Un Estado le cede un territorio a otro de manera gratuita u onerosa
Gratuito
Oneroso
Por ejemplo, el Tratado de Paz entre Chile y Bolivia
Por motivo de compraventas o deudas soberanas

1.2.1.2.1.3 Uti Possidetis Iuris

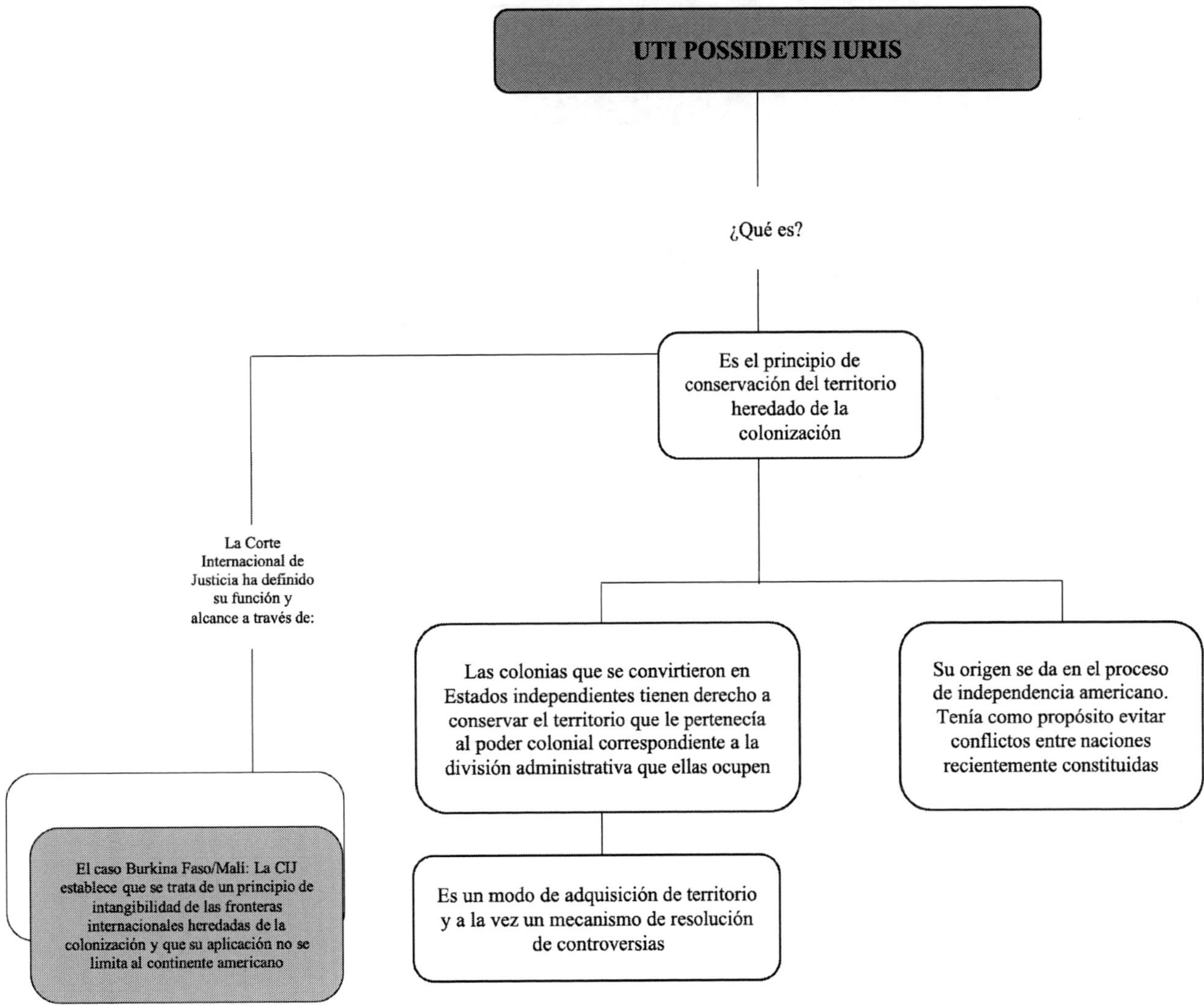
UTI POSSIDETIS IURIS
¿Qué es?
Es el principio de conservación del territorio heredado de la colonización
La Corte Internacional de Justicia ha definido su función y alcance a través de:
El caso Burkina Faso/Malí: La CIJ establece que se trata de un principio de intangibilidad de las fronteras internacionales heredadas de la colonización y que su aplicación no se limita al continente americano
Las colonias que se convirtieron en Estados independientes tienen derecho a conservar el territorio que le pertenecía al poder colonial correspondiente a la división administrativa que ellas ocupen
Es un modo de adquisición de territorio y a la vez un mecanismo de resolución de controversias
Su origen se da en el proceso de independencia americano. Tenía como propósito evitar conflictos entre naciones recientemente constituidas

1.2.1.2.2 Mecanismos para resolver conflictos de delimitación

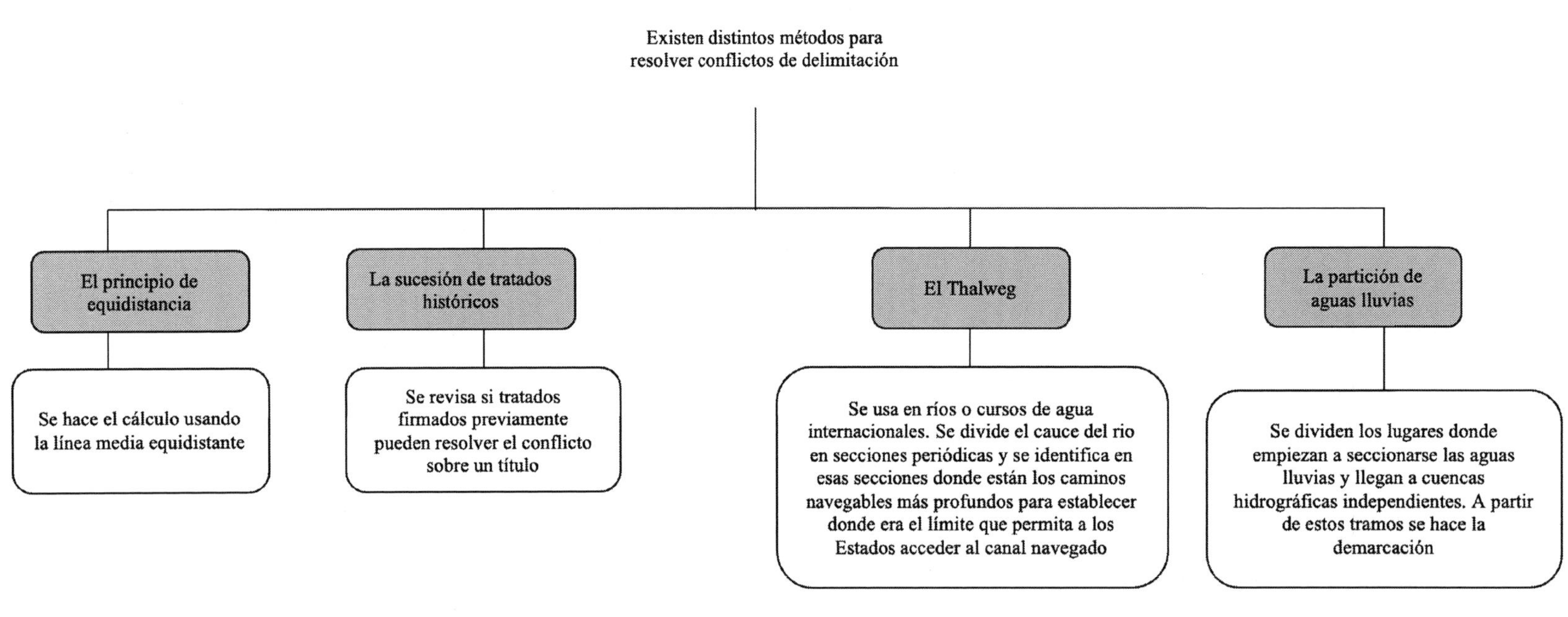
CONFLICTOS DE DELIMITACIÓN DEL TERRITORIO
Existen distintos métodos para resolver conflictos de delimitación
El principio de equidistancia
Se hace el cálculo usando la línea media equidistante
La sucesión de tratados históricos
Se revisa si tratados firmados previamente pueden resolver el conflicto sobre un título
El Thalweg
Se usa en ríos o cursos de agua internacionales. Se divide el cauce del rio en secciones periódicas y se identifica en esas secciones donde están los caminos navegables más profundos para establecer donde era el límite que permita a los Estados acceder al canal navegado
La partición de aguas lluvias
Se dividen los lugares donde empiezan a seccionarse las aguas lluvias y llegan a cuencas hidrográficas independientes. A partir de estos tramos se hace la demarcación

1.2.1.2.3 Regímenes de espacios territoriales

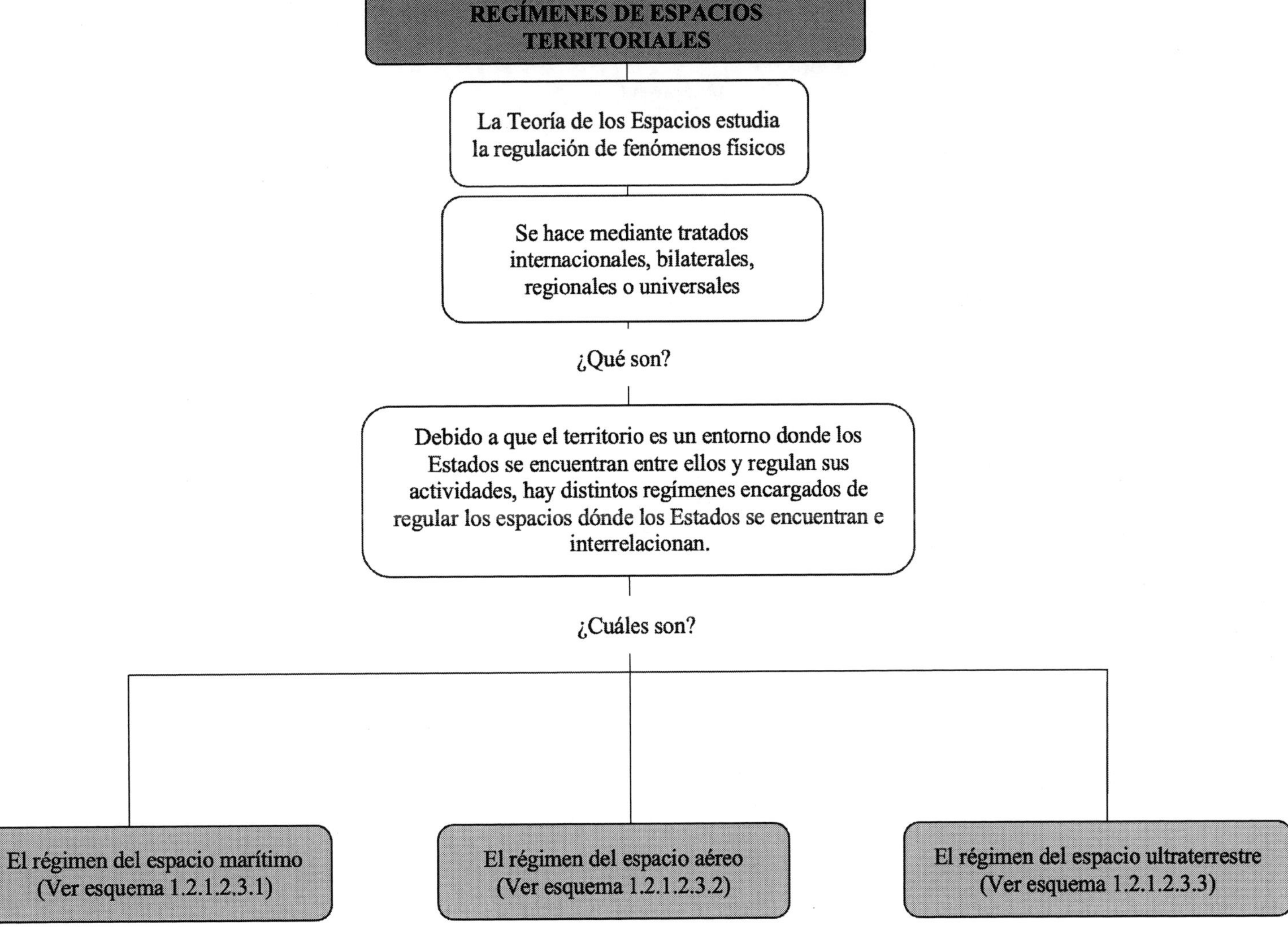
REGÍMENES DE ESPACIOS TERRITORIALES
La Teoría de los Espacios estudia la regulación de fenómenos físicos
Se hace mediante tratados internacionales, bilaterales, regionales o universales
¿Qué son?
Debido a que el territorio es un entorno donde los Estados se encuentran entre ellos y regulan sus actividades, hay distintos regímenes encargados de regular los espacios dónde los Estados se encuentran e interrelacionan.
¿Cuáles son?
El régimen del espacio marítimo (Ver esquema 1.2.1.2.3.1)
El régimen del espacio aéreo (Ver esquema 1.2.1.2.3.2)
El régimen del espacio ultraterrestre (Ver esquema 1.2.1.2.3.3)

1.2.1.2.3.1 Esquema sobre el espacio marítimo

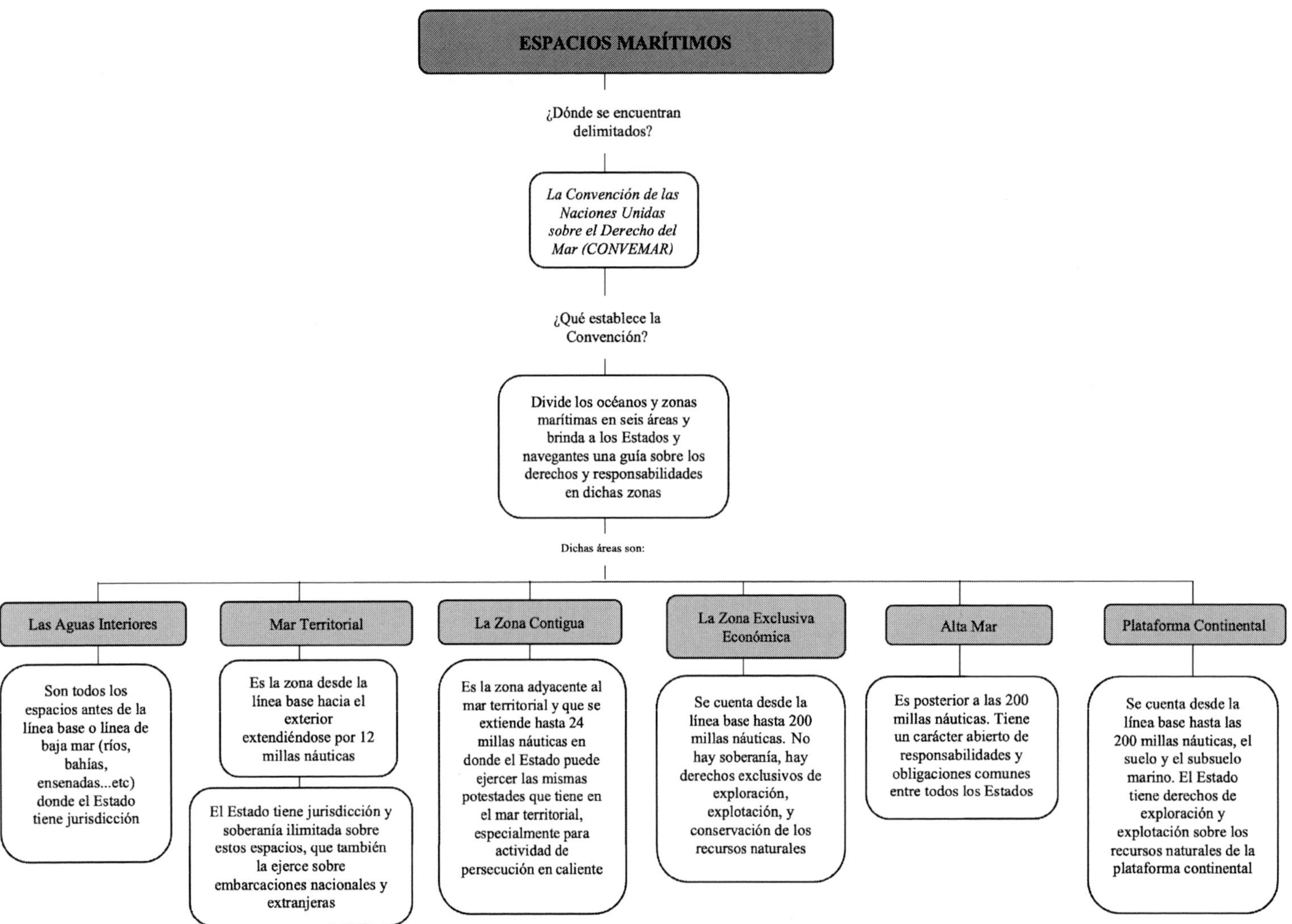
ESPACIOS MARÍTIMOS
¿Dónde se encuentran delimitados?
La Convención de las Naciones Unidas sobre el Derecho del Mar (CONVEMAR)
¿Qué establece la Convención?
Divide los océanos y zonas marítimas en seis áreas y brinda a los Estados y navegantes una guía sobre los derechos y responsabilidades en dichas zonas
Dichas áreas son:
Las Aguas Interiores
Son todos los espacios antes de la línea base o línea de baja mar (ríos, bahías, ensenadas...etc) donde el Estado tiene jurisdicción
Mar Territorial
Es la zona desde la línea base hacia el exterior extendiéndose por 12 millas náuticas
El Estado tiene jurisdicción y soberanía ilimitada sobre estos espacios, que también la ejerce sobre embarcaciones nacionales y extranjeras
La Zona Contigua
Es la zona adyacente al mar territorial y que se extiende hasta 24 millas náuticas en donde el Estado puede ejercer las mismas potestades que tiene en el mar territorial, especialmente para actividad de persecución en caliente
La Zona Exclusiva Económica
Se cuenta desde la línea base hasta 200 millas náuticas. No hay soberanía, hay derechos exclusivos de exploración, explotación, y conservación de los recursos naturales
Alta Mar
Es posterior a las 200 millas náuticas. Tiene un carácter abierto de responsabilidades y obligaciones comunes entre todos los Estados
Plataforma Continental
Se cuenta desde la línea base hasta las 200 millas náuticas, el suelo y el subsuelo marino. El Estado tiene derechos de exploración y explotación sobre los recursos naturales de la plataforma continental

1.2.1.2.3.2 Esquema sobre el espacio aéreo

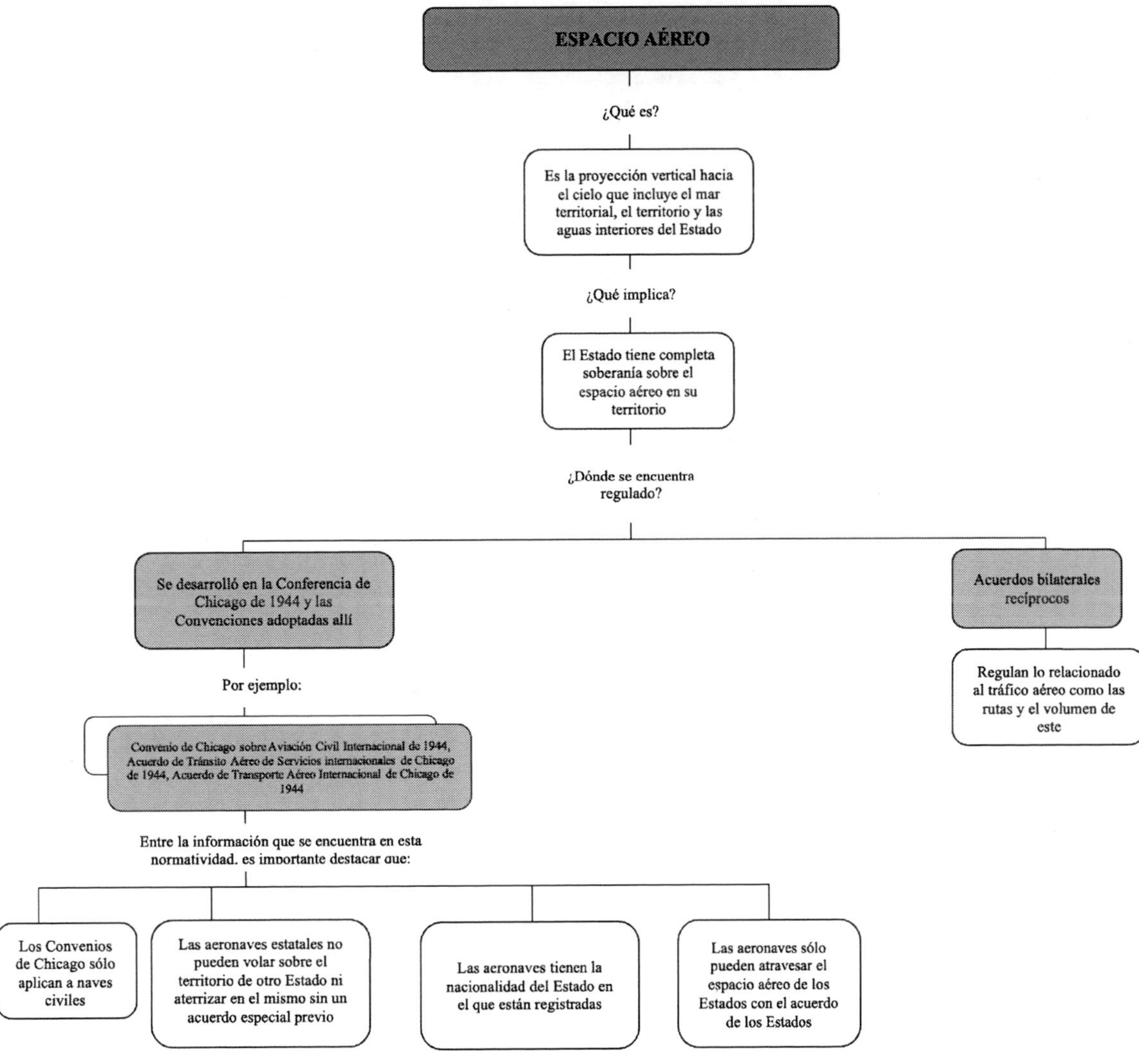
ESPACIO AÉREO
¿Qué es?
Es la proyección vertical hacia el cielo que incluye el mar territorial, el territorio y las aguas interiores del Estado
¿Qué implica?
El Estado tiene completa soberanía sobre el espacio aéreo en su territorio
¿Dónde se encuentra regulado?
Se desarrolló en la Conferencia de Chicago de 1944 y las Convenciones adoptadas allí
Por ejemplo:
Convenio de Chicago sobre Aviación Civil Internacional de 1944, Acuerdo de Tránsito Aéreo de Servicios internacionales de Chicago de 1944, Acuerdo de Transporte Aéreo Internacional de Chicago de 1944
Entre la información que se encuentra en esta normatividad, es importante destacar que:
Los Convenios de Chicago sólo aplican a naves civiles
Las aeronaves estatales no pueden volar sobre el territorio de otro Estado ni aterrizar en el mismo sin un acuerdo especial previo
Las aeronaves tienen la nacionalidad del Estado en el que están registradas
Las aeronaves sólo pueden atravesar el espacio aéreo de los Estados con el acuerdo de los Estados
Acuerdos bilaterales recíprocos
Regulan lo relacionado al tráfico aéreo como las rutas y el volumen de este

1.2.1.2.3.3 Esquema sobre el espacio ultraterrestre

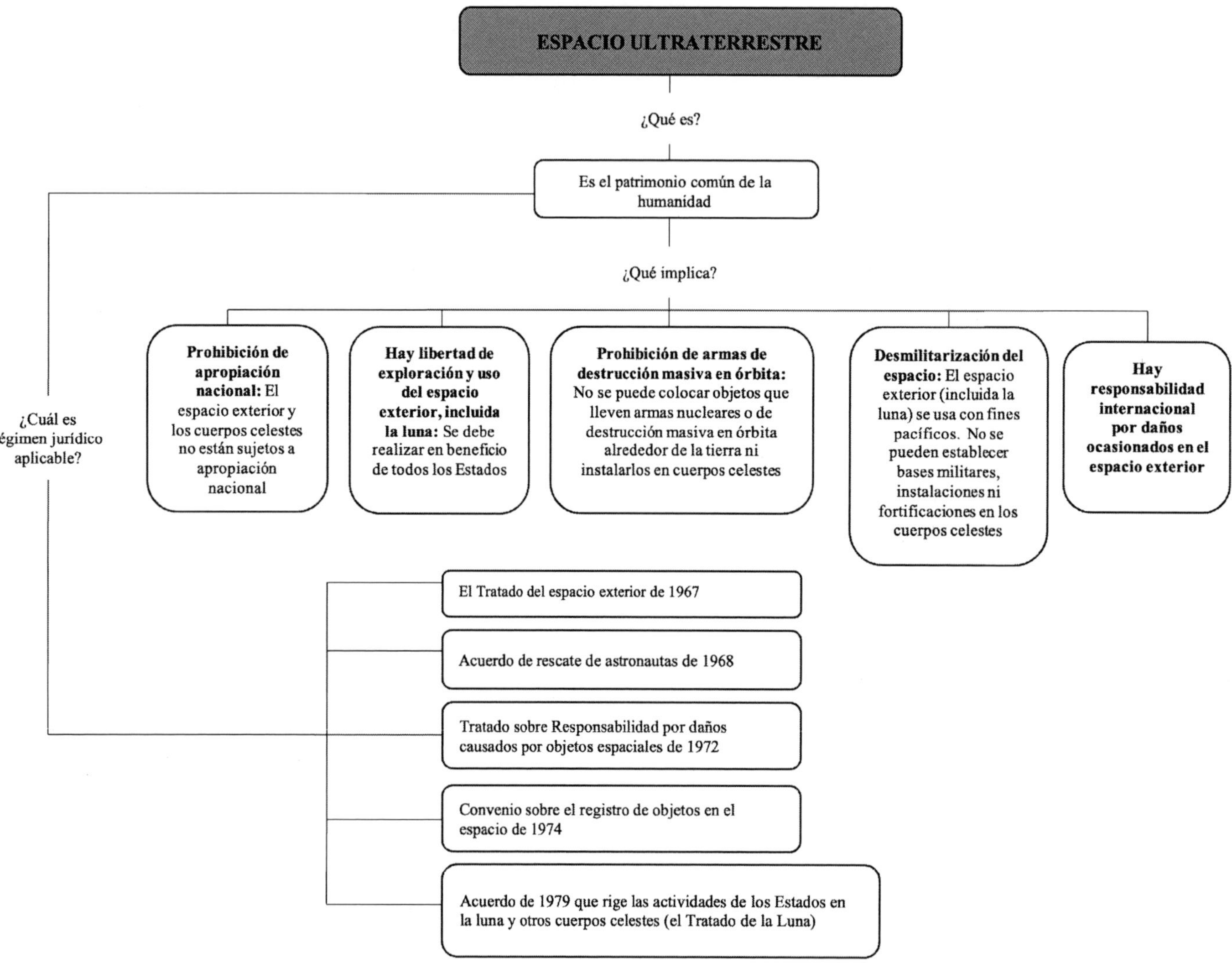
ESPACIO ULTRATERRESTRE
¿Qué es?
Es el patrimonio común de la humanidad
¿Qué implica?
Prohibición de apropiación nacional: El espacio exterior y los cuerpos celestes no están sujetos a apropiación nacional
Hay libertad de exploración y uso del espacio exterior, incluida la luna: Se debe realizar en beneficio de todos los Estados
Prohibición de armas de destrucción masiva en órbita: No se puede colocar objetos que lleven armas nucleares o de destrucción masiva en órbita alrededor de la tierra ni instalarlos en cuerpos celestes
Desmilitarización del espacio: El espacio exterior (incluida la luna) se usa con fines pacíficos. No se pueden establecer bases militares, instalaciones ni fortificaciones en los cuerpos celestes
Hay responsabilidad internacional por daños ocasionados en el espacio exterior
¿Cuál es régimen jurídico aplicable?
El Tratado del espacio exterior de 1967
Acuerdo de rescate de astronautas de 1968
Tratado sobre Responsabilidad por daños causados por objetos espaciales de 1972
Convenio sobre el registro de objetos en el espacio de 1974
Acuerdo de 1979 que rige las actividades de los Estados en la luna y otros cuerpos celestes (el Tratado de la Luna)

1.2.1.3 El Gobierno como elemento constitutivo del Estado

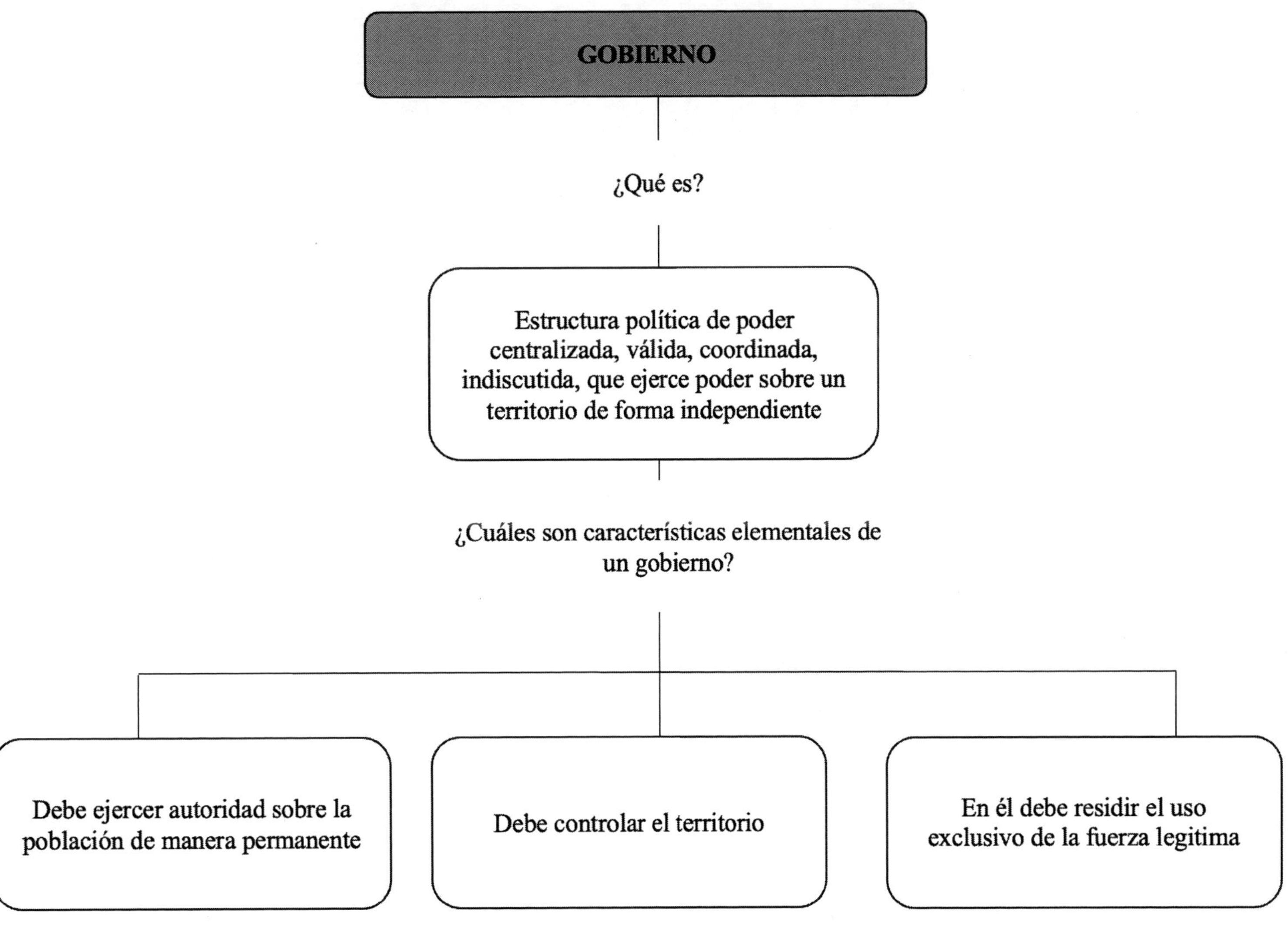
GOBIERNO
¿Qué es?
Estructura política de poder centralizada, válida, coordinada, indiscutida, que ejerce poder sobre un territorio de forma independiente
¿Cuáles son características elementales de un gobierno?
Debe ejercer autoridad sobre la población de manera permanente
Debe controlar el territorio
En él debe residir el uso exclusivo de la fuerza legitima

1.2.1.4 El reconocimiento como elemento declarativo del Estado

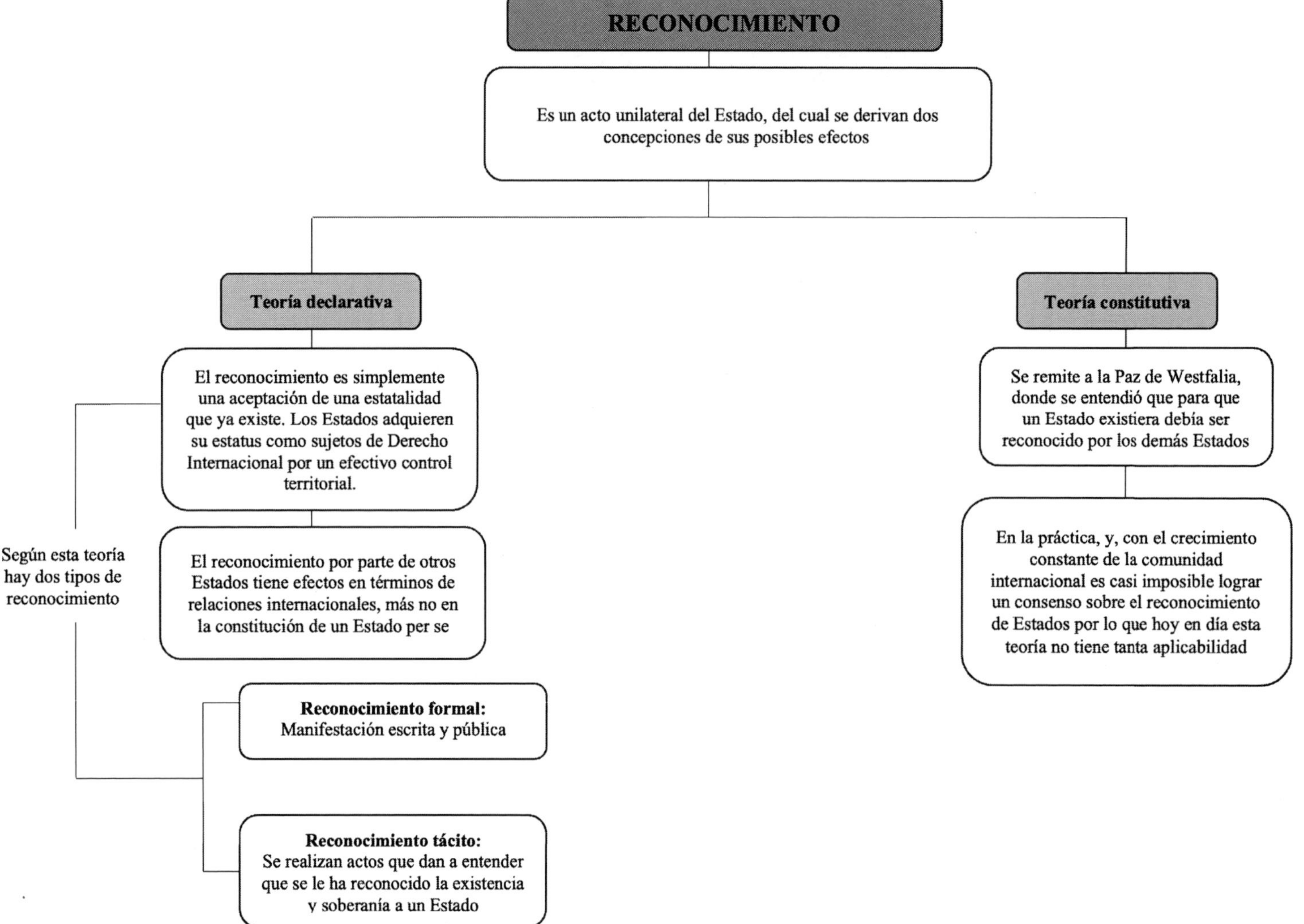
RECONOCIMIENTO
Es un acto unilateral del Estado, del cual se derivan dos concepciones de sus posibles efectos
Teoría declarativa
El reconocimiento es simplemente una aceptación de una estatalidad que ya existe. Los Estados adquieren su estatus como sujetos de Derecho Internacional por un efectivo control territorial.
El reconocimiento por parte de otros Estados tiene efectos en términos de relaciones internacionales, más no en la constitución de un Estado per se
Según esta teoría hay dos tipos de reconocimiento
Reconocimiento formal: Manifestación escrita y pública
Reconocimiento tácito: Se realizan actos que dan a entender que se le ha reconocido la existencia y soberanía a un Estado
Teoría constitutiva
Se remite a la Paz de Westfalia, donde se entendió que para que un Estado existiera debía ser reconocido por los demás Estados
En la práctica, y, con el crecimiento constante de la comunidad internacional es casi imposible lograr un consenso sobre el reconocimiento de Estados por lo que hoy en día esta teoría no tiene tanta aplicabilidad

1.3 Estructura General de las Organizaciones Internacionales como Sujetos de Derecho Internacional

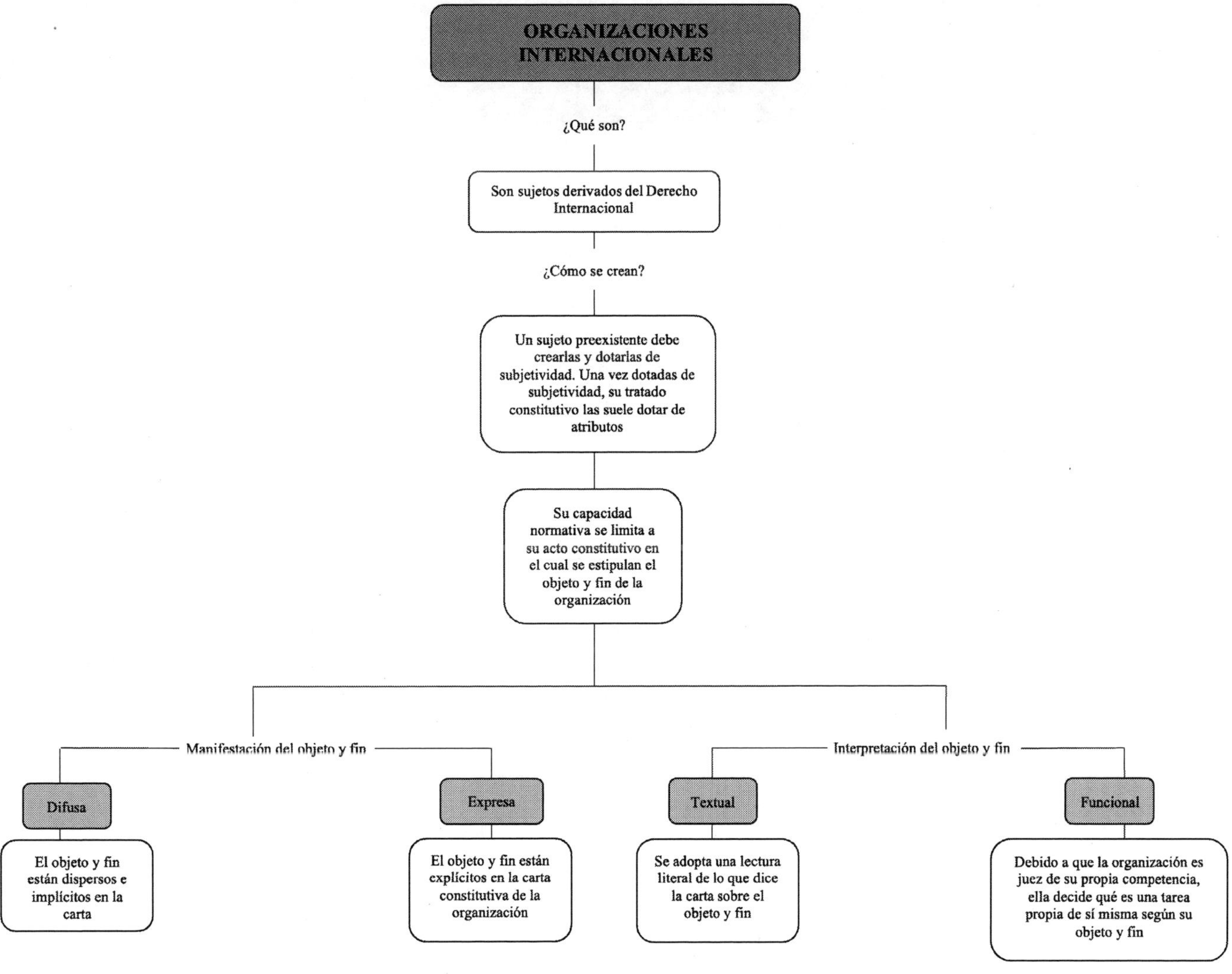
ORGANIZACIONES INTERNACIONALES
¿Qué son?
Son sujetos derivados del Derecho Internacional
¿Cómo se crean?
Un sujeto preexistente debe crearlas y dotarlas de subjetividad. Una vez dotadas de subjetividad, su tratado constitutivo las suele dotar de atributos
Su capacidad normativa se limita a su acto constitutivo en el cual se estipulan el objeto y fin de la organización
Manifestación del objeto y fin
Difusa
El objeto y fin están dispersos e implícitos en la carta
Expresa
El objeto y fin están explícitos en la carta constitutiva de la organización
Interpretación del objeto y fin
Textual
Se adopta una lectura literal de lo que dice la carta sobre el objeto y fin
Funcional
Debido a que la organización es juez de su propia competencia, ella decide qué es una tarea propia de sí misma según su objeto y fin

1.3.1 Órganos de las organizaciones internacionales

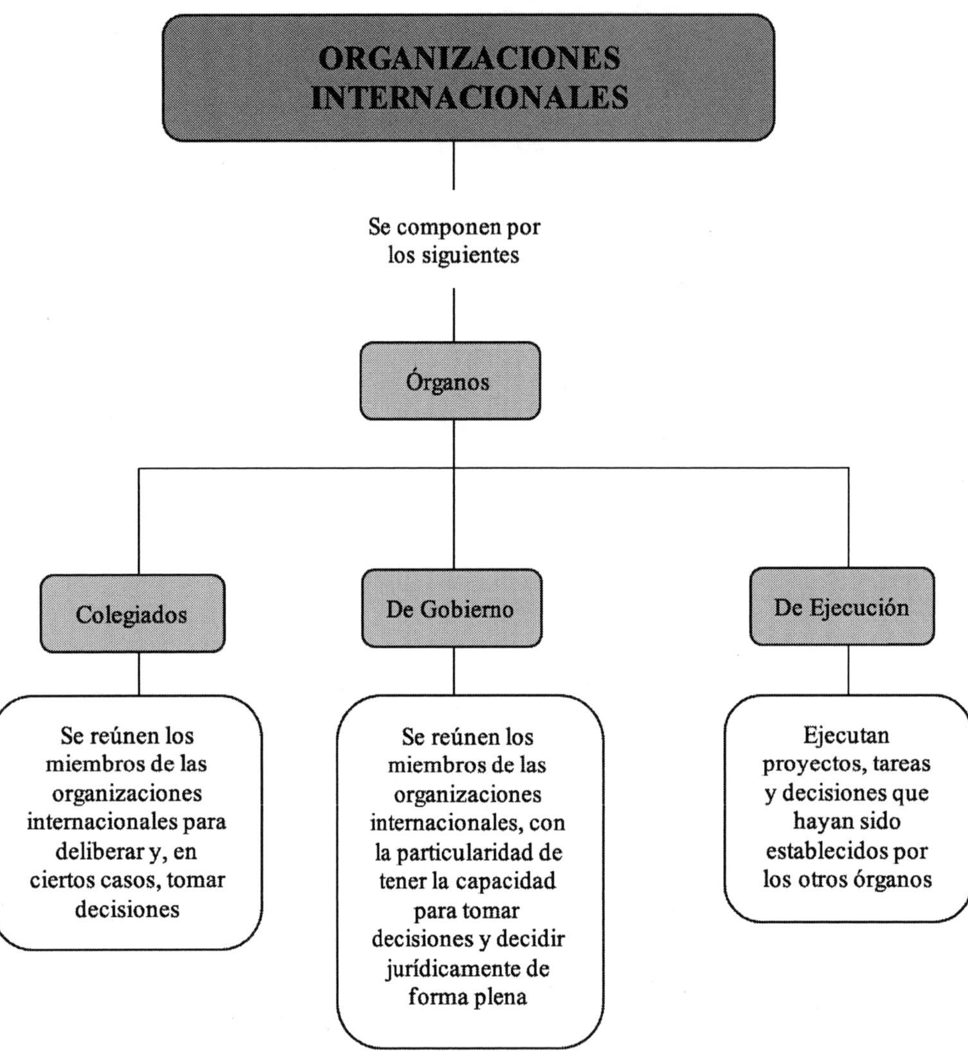
ORGANIZACIONES INTERNACIONALES
Se componen por los siguientes
Órganos
Colegiados
De Gobierno
De Ejecución
Se reúnen los miembros de las organizaciones internacionales para deliberar y, en ciertos casos, tomar decisiones
Se reúnen los miembros de las organizaciones internacionales, con la particularidad de tener la capacidad para tomar decisiones y decidir jurídicamente de forma plena
Ejecutan proyectos, tareas y decisiones que hayan sido establecidos por los otros órganos

1.4 Estructura General de los Sujetos Atípicos del Derecho Internacional

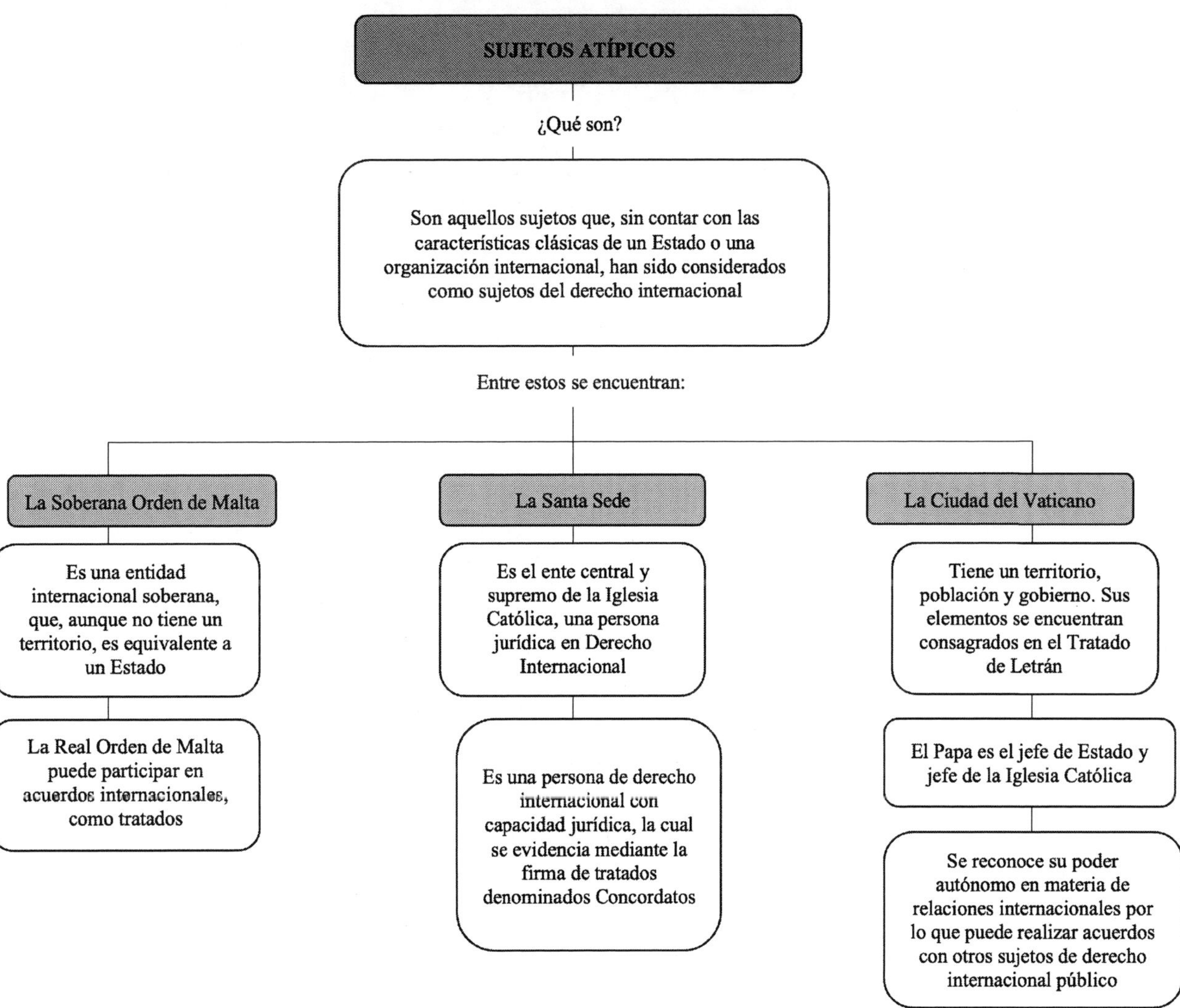
SUJETOS ATÍPICOS
¿Qué son?
Son aquellos sujetos que, sin contar con las características clásicas de un Estado o una organización internacional, han sido considerados como sujetos del derecho internacional
Entre estos se encuentran:
La Soberana Orden de Malta
Es una entidad internacional soberana, que, aunque no tiene un territorio, es equivalente a un Estado
La Real Orden de Malta puede participar en acuerdos internacionales, como tratados
La Santa Sede
Es el ente central y supremo de la Iglesia Católica, una persona jurídica en Derecho Internacional
Es una persona de derecho internacional con capacidad jurídica, la cual se evidencia mediante la firma de tratados denominados Concordatos
La Ciudad del Vaticano
Tiene un territorio, población y gobierno. Sus elementos se encuentran consagrados en el Tratado de Letrán
El Papa es el jefe de Estado y jefe de la Iglesia Católica
Se reconoce su poder autónomo en materia de relaciones internacionales por lo que puede realizar acuerdos con otros sujetos de derecho internacional público

1.5 Esquema General de los Actores del Derecho Internacional

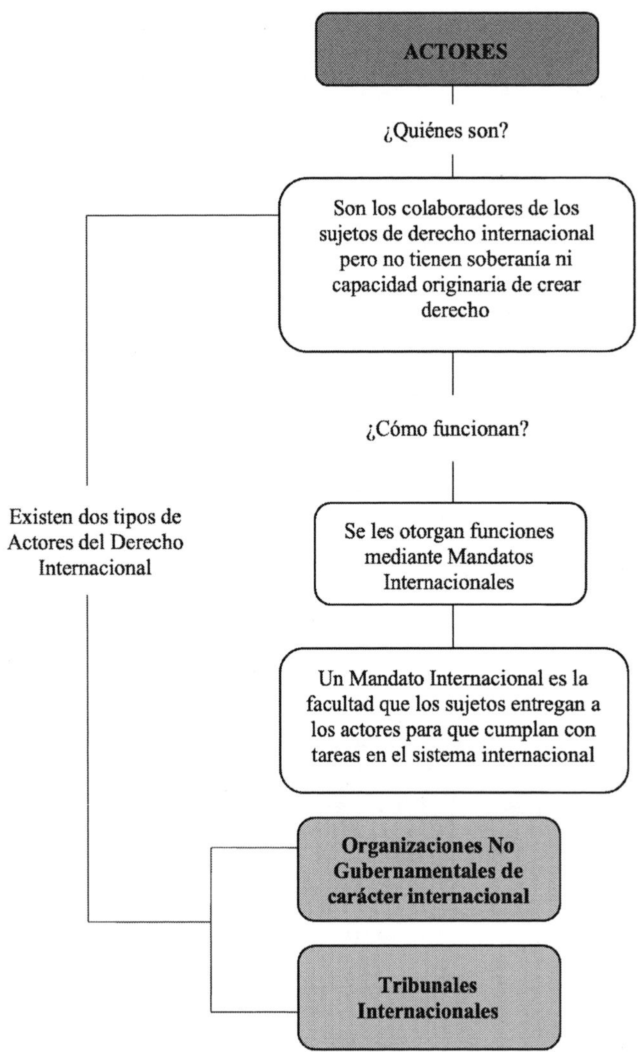
ACTORES
¿Quiénes son?
Son los colaboradores de los sujetos de derecho internacional pero no tienen soberanía ni capacidad originaria de crear derecho
¿Cómo funcionan?
Se les otorgan funciones mediante Mandatos Internacionales
Un Mandato Internacional es la facultad que los sujetos entregan a los actores para que cumplan con tareas en el sistema internacional
Existen dos tipos de Actores del Derecho Internacional
Organizaciones No Gubernamentales de carácter internacional
Tribunales Internacionales

1.5.1 Tipos de Actores

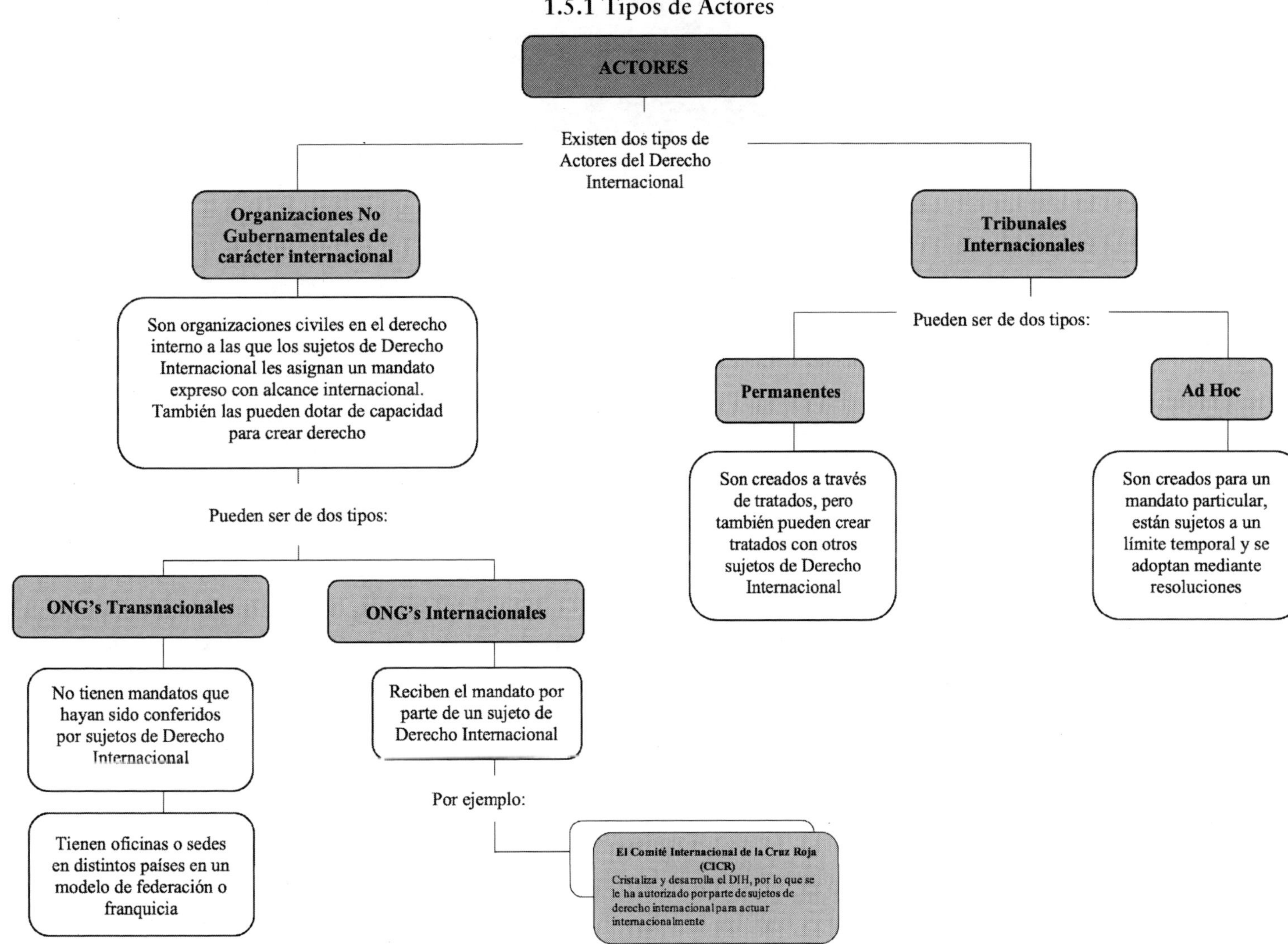
ACTORES
Existen dos tipos de Actores del Derecho Internacional
Organizaciones No Gubernamentales de carácter internacional
Son organizaciones civiles en el derecho interno a las que los sujetos de Derecho Internacional les asignan un mandato expreso con alcance internacional. También las pueden dotar de capacidad para crear derecho
Pueden ser de dos tipos:
ONG's Transnacionales
No tienen mandatos que hayan sido conferidos por sujetos de Derecho Internacional
Tienen oficinas o sedes en distintos países en un modelo de federación o franquicia
ONG's Internacionales
Reciben el mandato por parte de un sujeto de Derecho Internacional
Por ejemplo:
El Comité Internacional de la Cruz Roja (CICR)
Cristaliza y desarrolla el DIH, por lo que se le ha autorizado por parte de sujetos de derecho internacional para actuar internacionalmente
Tribunales Internacionales
Pueden ser de dos tipos:
Permanentes
Son creados a través de tratados, pero también pueden crear tratados con otros sujetos de Derecho Internacional
Ad Hoc
Son creados para un mandato particular, están sujetos a un límite temporal y se adoptan mediante resoluciones

1.6 Esquema General sobre las Subjetividades reguladas por el Derecho Internacional

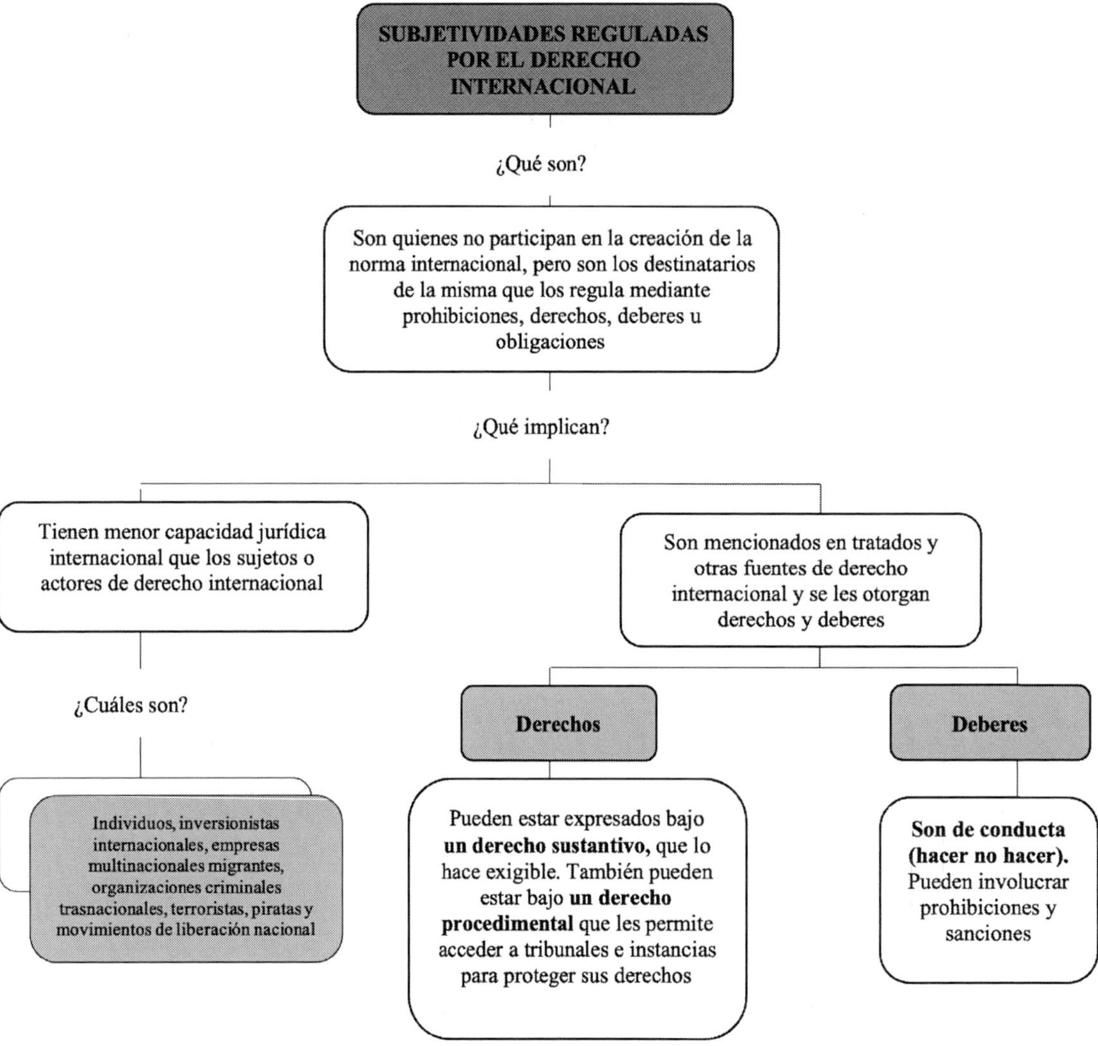
SUBJETIVIDADES REGULADAS POR EL DERECHO INTERNACIONAL
¿Qué son?
Son quienes no participan en la creación de la norma internacional, pero son los destinatarios de la misma que los regula mediante prohibiciones, derechos, deberes u obligaciones
¿Qué implican?
Tienen menor capacidad jurídica internacional que los sujetos o actores de derecho internacional
¿Cuáles son?
Individuos, inversionistas internacionales, empresas multinacionales migrantes, organizaciones criminales trasnacionales, terroristas, piratas y movimientos de liberación nacional
Son mencionados en tratados y otras fuentes de derecho internacional y se les otorgan derechos y deberes
Derechos
Pueden estar expresados bajo un derecho sustantivo, que lo hace exigible. También pueden estar bajo un derecho procedimental que les permite acceder a tribunales e instancias para proteger sus derechos
Deberes
Son de conducta (hacer no hacer). Pueden involucrar prohibiciones y sanciones

Capítulo 2

FUENTES DEL DERECHO INTERNACIONAL

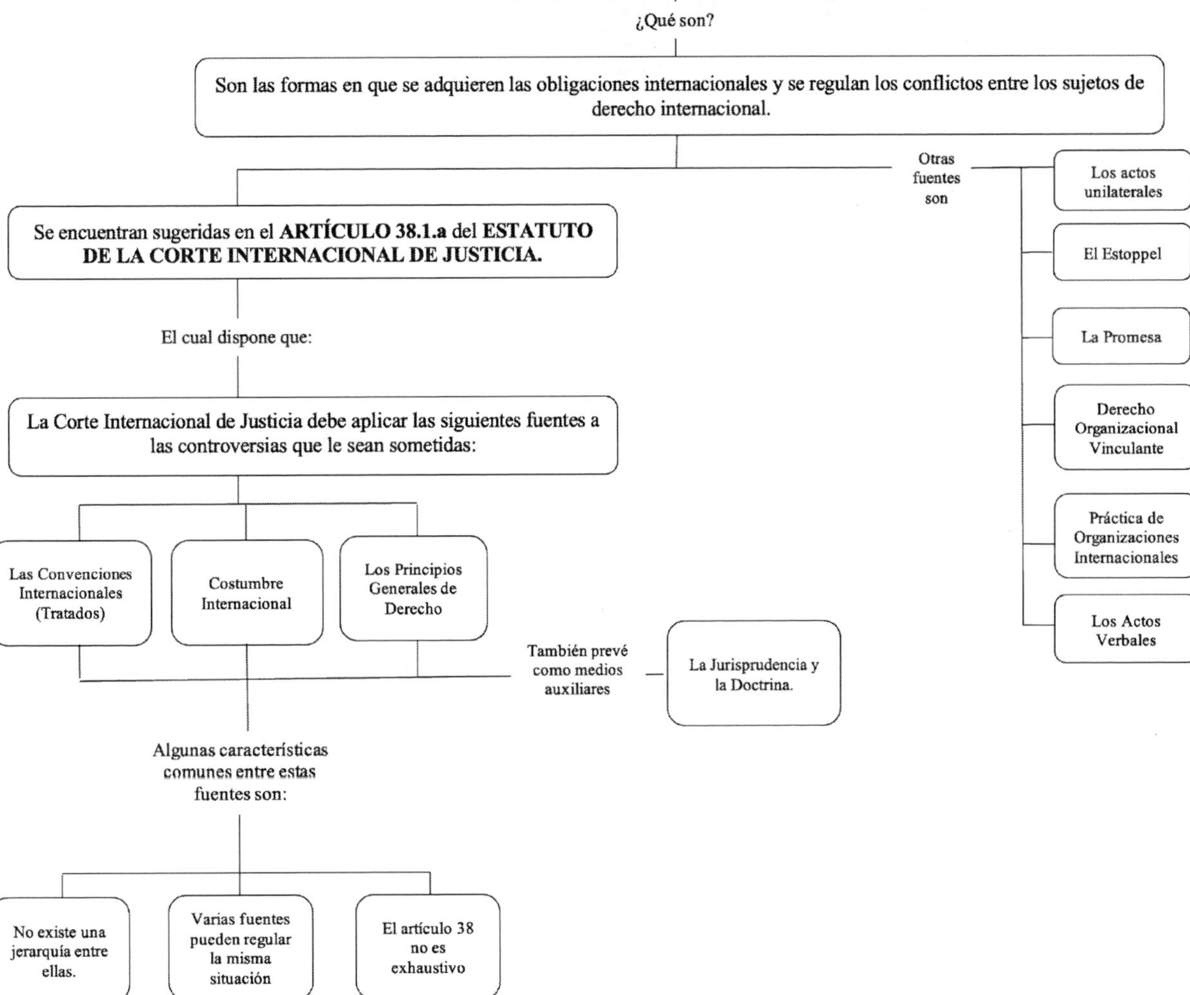

FUENTES DE DERECHO INTERNACIONAL
¿Qué son?
Son las formas en que se adquieren las obligaciones internacionales y se regulan los conflictos entre los sujetos de derecho internacional.
Se encuentran sugeridas en el ARTÍCULO 38.1.a del ESTATUTO DE LA CORTE INTERNACIONAL DE JUSTICIA.
El cual dispone que:
La Corte Internacional de Justicia debe aplicar las siguientes fuentes a las controversias que le sean sometidas:
Las Convenciones Internacionales (Tratados)
Costumbre Internacional
Los Principios Generales de Derecho
También prevé como medios auxiliares
La Jurisprudencia y la Doctrina.
Algunas características comunes entre estas fuentes son:
No existe una jerarquía entre ellas.
Varias fuentes pueden regular la misma situación
El artículo 38 no es exhaustivo
Otras fuentes son
Los actos unilaterales
El Estoppel
La Promesa
Derecho Organizacional Vinculante
Práctica de Organizaciones Internacionales
Los Actos Verbales

2.1. Tratados Internacionales

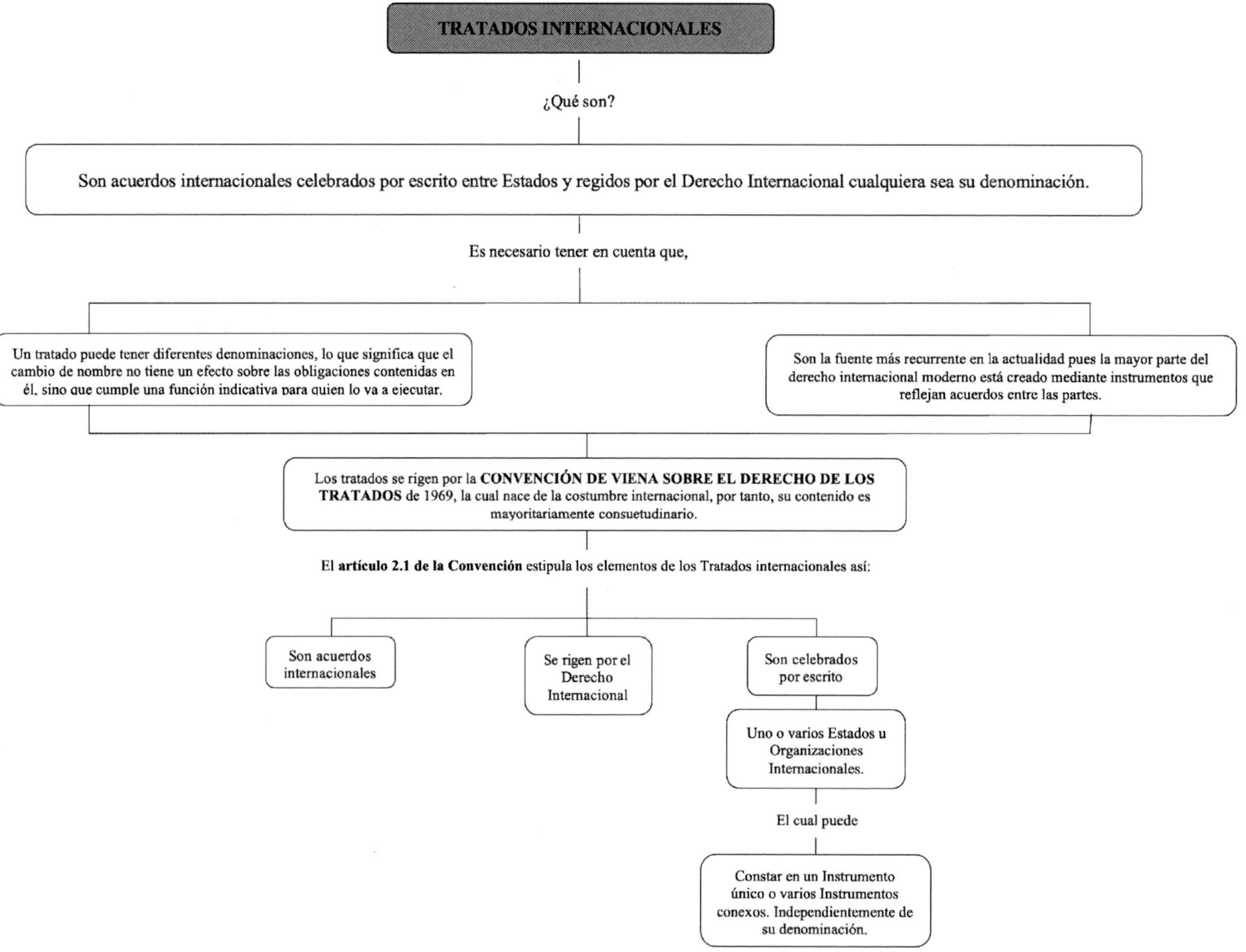

TRATADOS INTERNACIONALES
¿Qué son?
Son acuerdos internacionales celebrados por escrito entre Estados y regidos por el Derecho Internacional cualquiera sea su denominación.
Es necesario tener en cuenta que,
Un tratado puede tener diferentes denominaciones, lo que significa que el cambio de nombre no tiene un efecto sobre las obligaciones contenidas en él, sino que cumple una función indicativa para quien lo va a ejecutar.
Son la fuente más recurrente en la actualidad pues la mayor parte del derecho internacional moderno está creado mediante instrumentos que reflejan acuerdos entre las partes.
Los tratados se rigen por la **CONVENCIÓN DE VIENA SOBRE EL DERECHO DE LOS TRATADOS** de 1969, la cual nace de la costumbre internacional, por tanto, su contenido es mayoritariamente consuetudinario.
El **artículo 2.1 de la Convención** estipula los elementos de los Tratados internacionales así:
Son acuerdos internacionales
Se rigen por el Derecho Internacional
Son celebrados por escrito
Uno o varios Estados u Organizaciones Internacionales.
El cual puede
Constar en un Instrumento único o varios Instrumentos conexos. Independientemente de su denominación.

2.1.1. Tipos de Tratados Internacionales

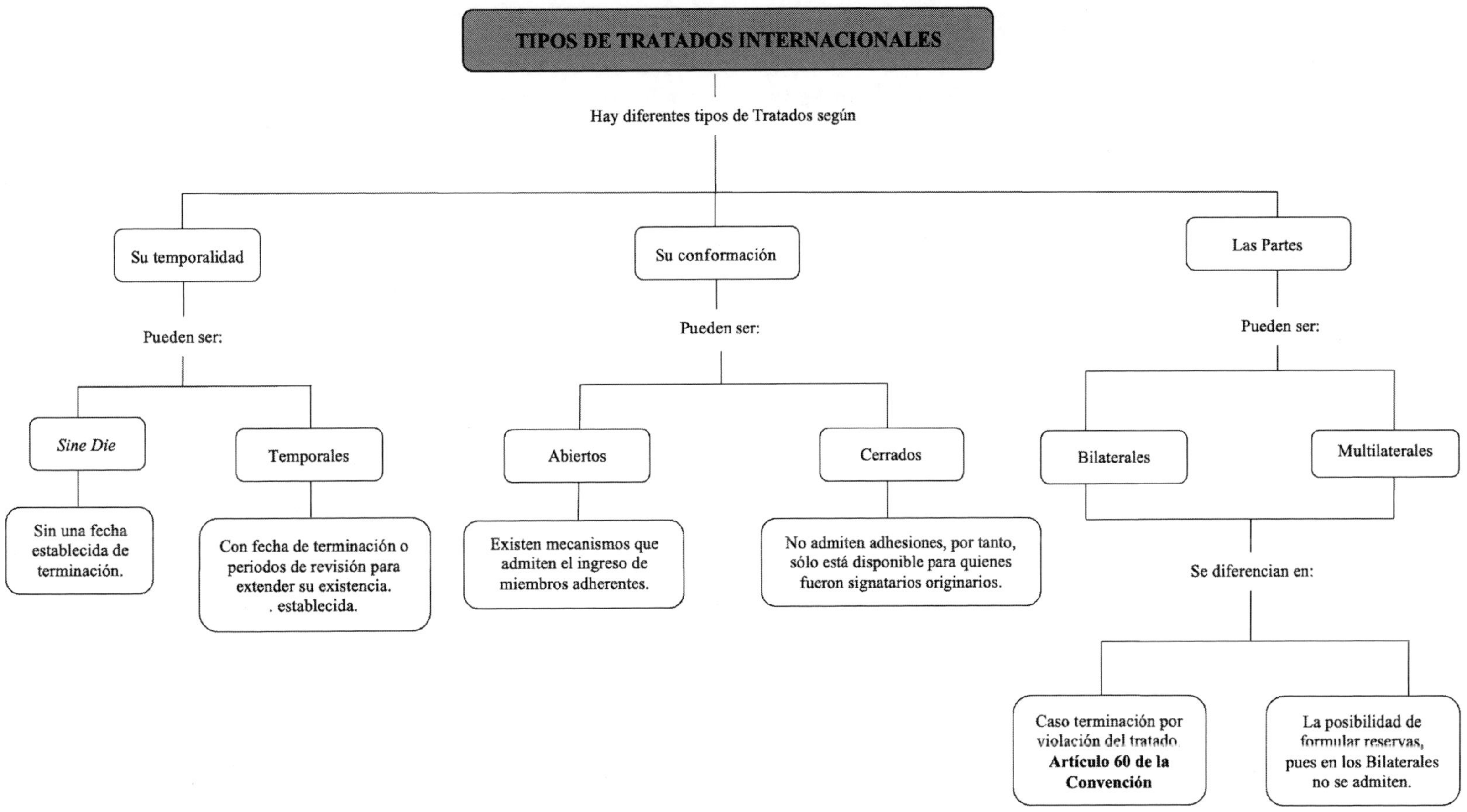
TIPOS DE TRATADOS INTERNACIONALES
Hay diferentes tipos de Tratados según
Su temporalidad
Pueden ser:
Sine Die
Sin una fecha establecida de terminación.
Temporales
Con fecha de terminación o periodos de revisión para extender su existencia.
. establecida.
Su conformación
Pueden ser:
Abiertos
Existen mecanismos que admiten el ingreso de miembros adherentes.
Cerrados
No admiten adhesiones, por tanto, sólo está disponible para quienes fueron signatarios originarios.
Las Partes
Pueden ser:
Bilaterales
Multilaterales
Se diferencian en:
Caso terminación por violación del tratado. **Artículo 60 de la Convención**
La posibilidad de formular reservas, pues en los Bilaterales no se admiten.

2.1.2. Reglas de obligatoriedad e interpretación de los Tratados

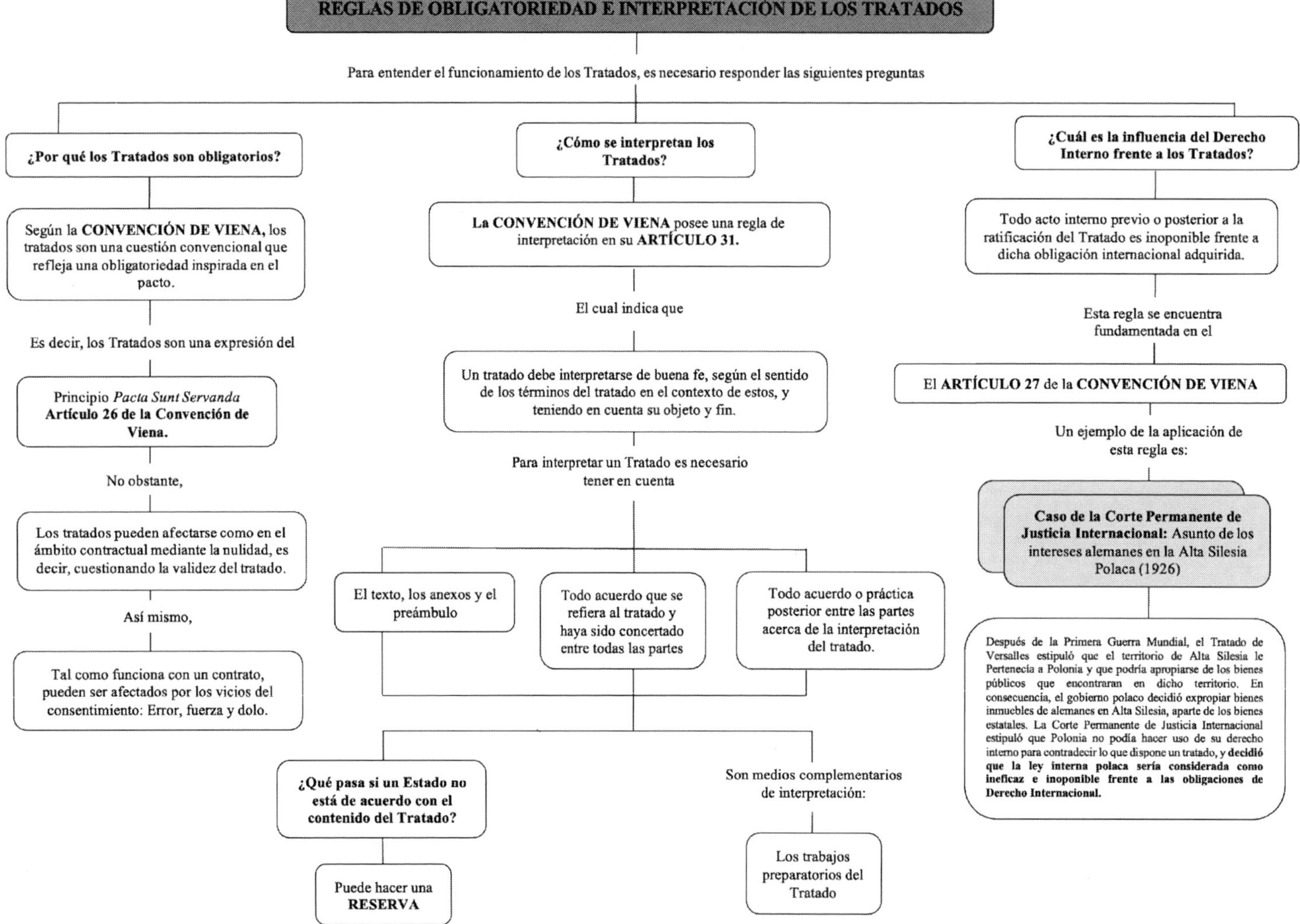
REGLAS DE OBLIGATORIEDAD E INTERPRETACIÓN DE LOS TRATADOS
Para entender el funcionamiento de los Tratados, es necesario responder las siguientes preguntas
¿Por qué los Tratados son obligatorios?
Según la CONVENCIÓN DE VIENA, los tratados son una cuestión convencional que refleja una obligatoriedad inspirada en el pacto.
Es decir, los Tratados son una expresión del
Principio Pacta Sunt Servanda Artículo 26 de la Convención de Viena.
No obstante,
Los tratados pueden afectarse como en el ámbito contractual mediante la nulidad, es decir, cuestionando la validez del tratado.
Así mismo,
Tal como funciona con un contrato, pueden ser afectados por los vicios del consentimiento: Error, fuerza y dolo.
¿Cómo se interpretan los Tratados?
La CONVENCIÓN DE VIENA posee una regla de interpretación en su ARTÍCULO 31.
El cual indica que
Un tratado debe interpretarse de buena fe, según el sentido de los términos del tratado en el contexto de estos, y teniendo en cuenta su objeto y fin.
Para interpretar un Tratado es necesario tener en cuenta
El texto, los anexos y el preámbulo
Todo acuerdo que se refiera al tratado y haya sido concertado entre todas las partes
Todo acuerdo o práctica posterior entre las partes acerca de la interpretación del tratado.
¿Qué pasa si un Estado no está de acuerdo con el contenido del Tratado?
Puede hacer una RESERVA
Son medios complementarios de interpretación:
Los trabajos preparatorios del Tratado
¿Cuál es la influencia del Derecho Interno frente a los Tratados?
Todo acto interno previo o posterior a la ratificación del Tratado es inoponible frente a dicha obligación internacional adquirida.
Esta regla se encuentra fundamentada en el
El ARTÍCULO 27 de la CONVENCIÓN DE VIENA
Un ejemplo de la aplicación de esta regla es:
Caso de la Corte Permanente de Justicia Internacional: Asunto de los intereses alemanes en la Alta Silesia Polaca (1926)
Después de la Primera Guerra Mundial, el Tratado de Versalles estipuló que el territorio de Alta Silesia le Pertenecía a Polonia y que podría apropiarse de los bienes públicos que encontraran en dicho territorio. En consecuencia, el gobierno polaco decidió expropiar bienes inmuebles de alemanes en Alta Silesia, aparte de los bienes estatales. La Corte Permanente de Justicia Internacional estipuló que Polonia no podía hacer uso de su derecho interno para contradecir lo que dispone un tratado, y decidió que la ley interna polaca sería considerada como ineficaz e inoponible frente a las obligaciones de Derecho Internacional.

2.1.3. Procedimiento para la Formación de Tratados

PROCEDIMIENTO PARA LA FORMACIÓN DE TRATADOS

Para que un Tratado exista deben surtirse las siguientes etapas

Negociación
Donde
Los Estados negocian y elaboran el texto del Tratado

Adopción del Texto
Donde
Se establece el contenido que tendrá el Tratado

Firma
Donde
Se exterioriza la voluntad del Estado para obligarse, pero no materializa las obligaciones del Tratado, puesto que es sólo una declaración.

Ratificación
Donde
Los Estados, de acuerdo con su legislación interna, llevan a cabo una serie de procesos para que el Tratado se vuelva totalmente vinculante.

Depósito
Donde
Una vez firmado y ratificado, los Estados dejan constancia de su voluntad de obligarse al órgano depositario.

Entrada en Vigor
Generalmente, los Tratados entran en vigor tan pronto se realice el depósito o se envíe la constancia a otros Estados.
Sin embargo, existe
La vigencia diferida, donde el Tratado entrará en vigor una vez se cumplan circunstancias específicas.

Terminación
La cual,
Puede regularse libremente dentro de cada instrumento por consentimiento de las partes.
Adicionalmente,
La **SECCIÓN TERCERA** de la **PARTE V** de la **CONVENCIÓN DE VIENA,** prevé algunos escenarios de terminación.

Denuncia
Invocación de cláusula de Denuncia.

2.1.4 Roles de los Estados en la Formación de Tratados

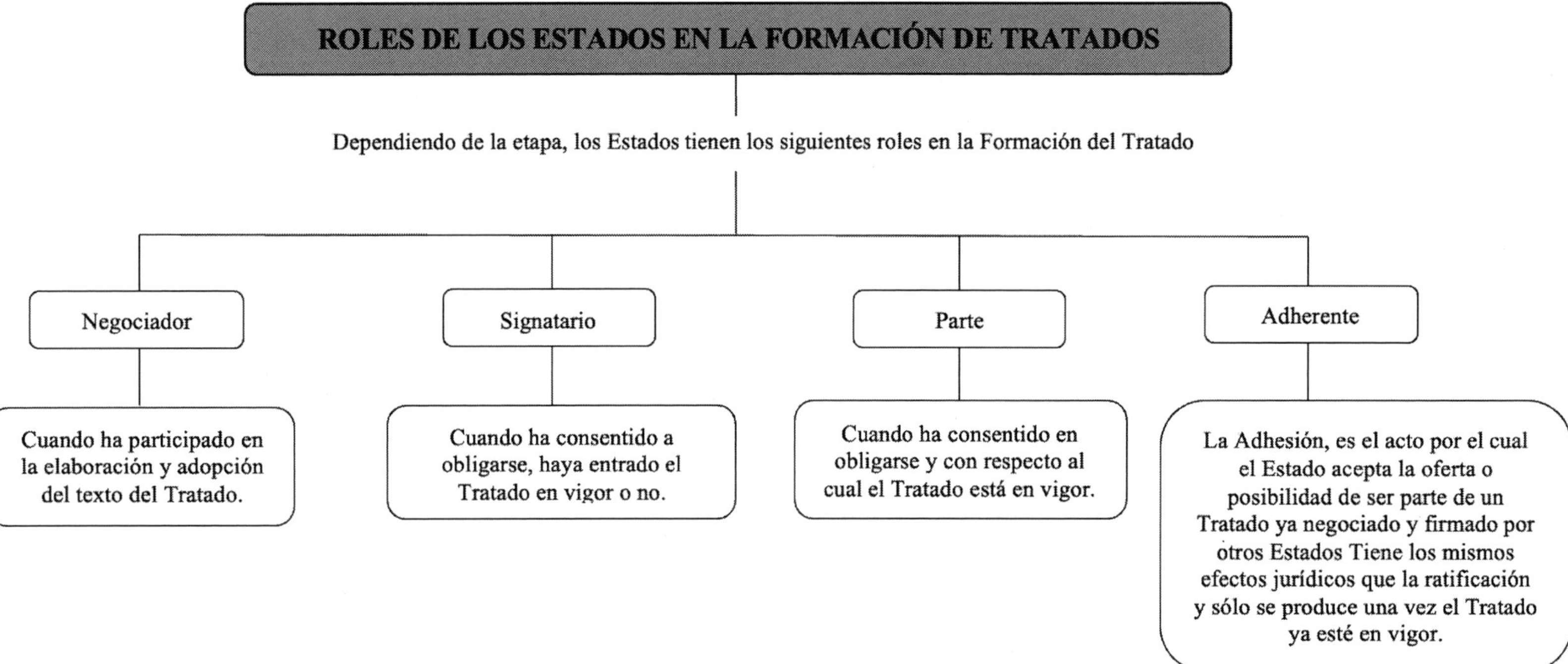
ROLES DE LOS ESTADOS EN LA FORMACIÓN DE TRATADOS
Dependiendo de la etapa, los Estados tienen los siguientes roles en la Formación del Tratado
Negociador
Cuando ha participado en la elaboración y adopción del texto del Tratado.
Signatario
Cuando ha consentido a obligarse, haya entrado el Tratado en vigor o no.
Parte
Cuando ha consentido en obligarse y con respecto al cual el Tratado está en vigor.
Adherente
La Adhesión, es el acto por el cual el Estado acepta la oferta o posibilidad de ser parte de un Tratado ya negociado y firmado por otros Estados Tiene los mismos efectos jurídicos que la ratificación y sólo se produce una vez el Tratado ya esté en vigor.

2.1.5. Reservas a tratados

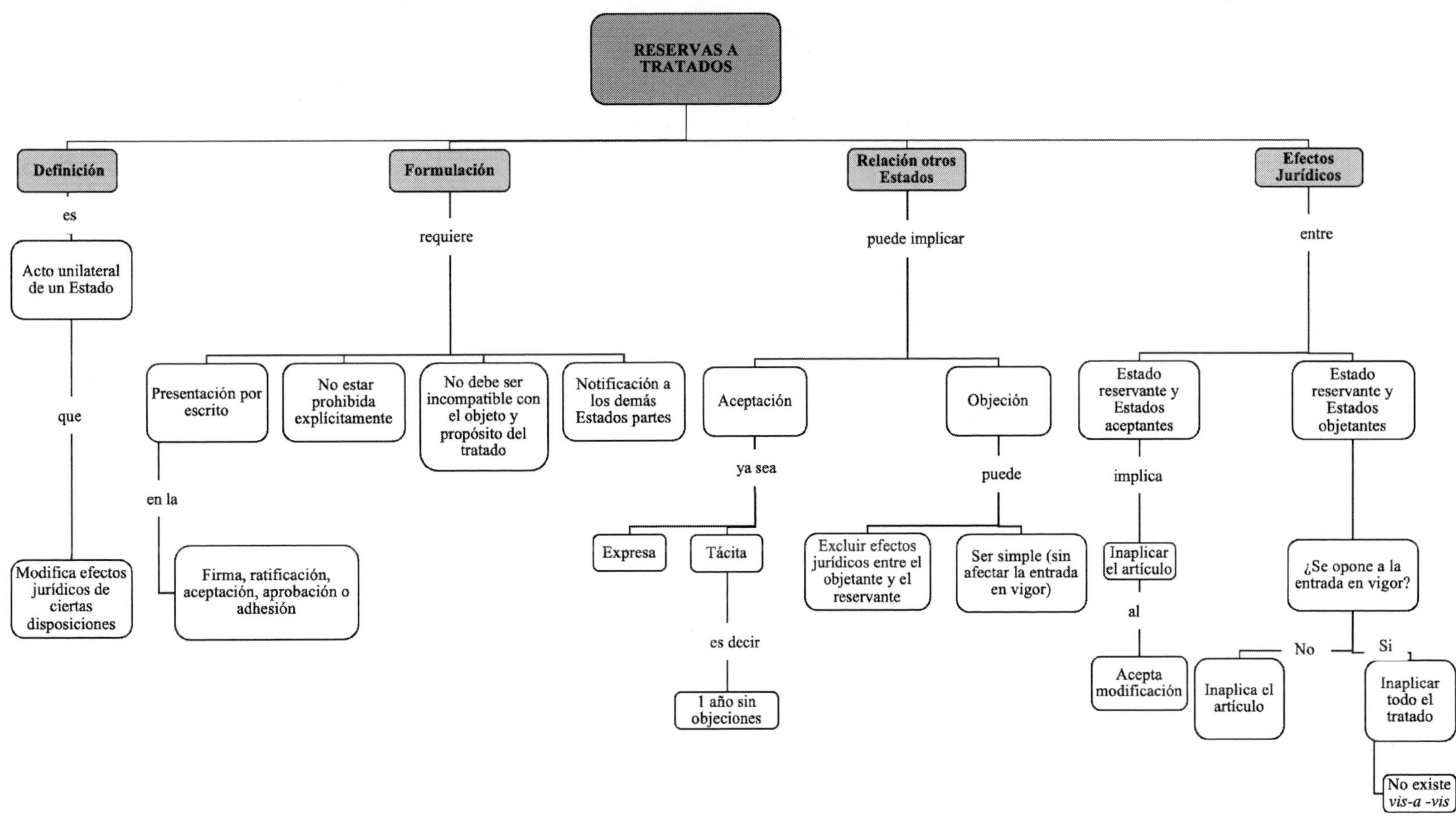

2.2. Costumbre Internacional

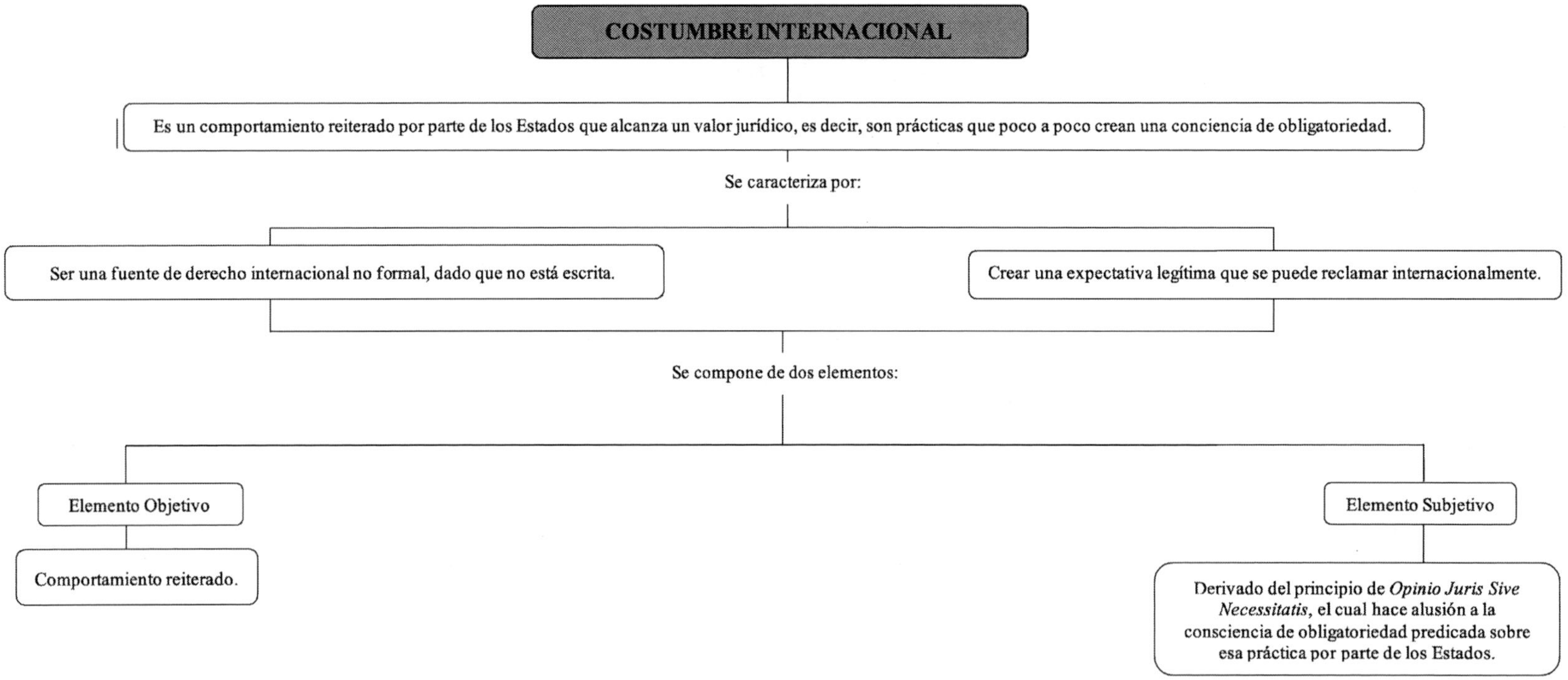
COSTUMBRE INTERNACIONAL
Es un comportamiento reiterado por parte de los Estados que alcanza un valor jurídico, es decir, son prácticas que poco a poco crean una conciencia de obligatoriedad.
Se caracteriza por:
Ser una fuente de derecho internacional no formal, dado que no está escrita.
Crear una expectativa legítima que se puede reclamar internacionalmente.
Se compone de dos elementos:
Elemento Objetivo
Comportamiento reiterado.
Elemento Subjetivo
Derivado del principio de *Opinio Juris Sive Necessitatis*, el cual hace alusión a la consciencia de obligatoriedad predicada sobre esa práctica por parte de los Estados.

2.2.1. Tipos de Costumbre Internacional

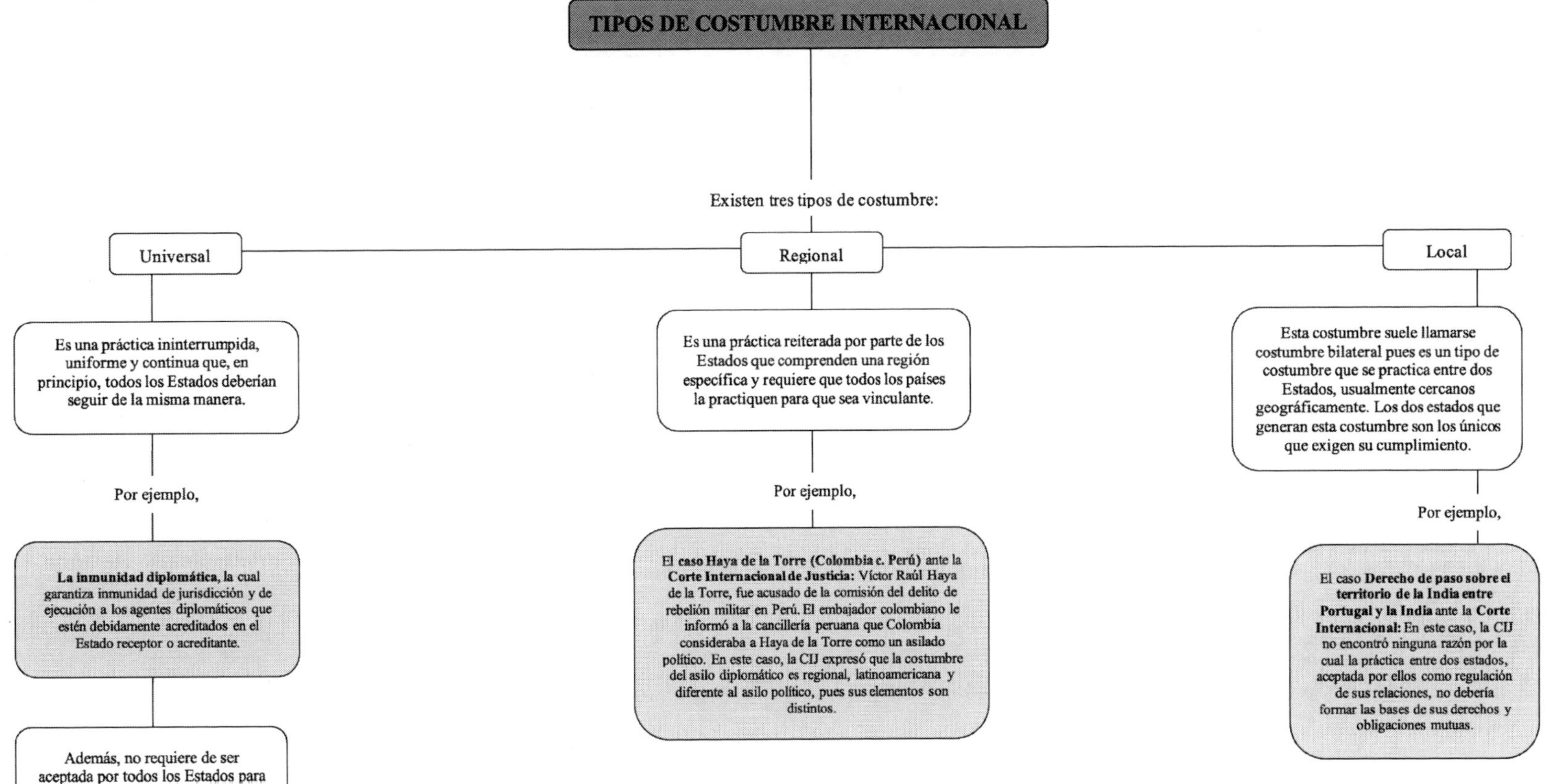
TIPOS DE COSTUMBRE INTERNACIONAL
Existen tres tipos de costumbre:
Universal
Es una práctica ininterrumpida, uniforme y continua que, en principio, todos los Estados deberían seguir de la misma manera.
Por ejemplo,
La inmunidad diplomática, la cual garantiza inmunidad de jurisdicción y de ejecución a los agentes diplomáticos que estén debidamente acreditados en el Estado receptor o acreditante.
Además, no requiere de ser aceptada por todos los Estados para considerarse vinculante.
Regional
Es una práctica reiterada por parte de los Estados que comprenden una región específica y requiere que todos los países la practiquen para que sea vinculante.
Por ejemplo,
El caso Haya de la Torre (Colombia c. Perú) ante la Corte Internacional de Justicia: Víctor Raúl Haya de la Torre, fue acusado de la comisión del delito de rebelión militar en Perú. El embajador colombiano le informó a la cancillería peruana que Colombia consideraba a Haya de la Torre como un asilado político. En este caso, la CIJ expresó que la costumbre del asilo diplomático es regional, latinoamericana y diferente al asilo político, pues sus elementos son distintos.
Local
Esta costumbre suele llamarse costumbre bilateral pues es un tipo de costumbre que se practica entre dos Estados, usualmente cercanos geográficamente. Los dos estados que generan esta costumbre son los únicos que exigen su cumplimiento.
Por ejemplo,
El caso Derecho de paso sobre el territorio de la India entre Portugal y la India ante la Corte Internacional: En este caso, la CIJ no encontró ninguna razón por la cual la práctica entre dos estados, aceptada por ellos como regulación de sus relaciones, no debería formar las bases de sus derechos y obligaciones mutuas.

2.2.2. Relación entre Costumbre y Tratados

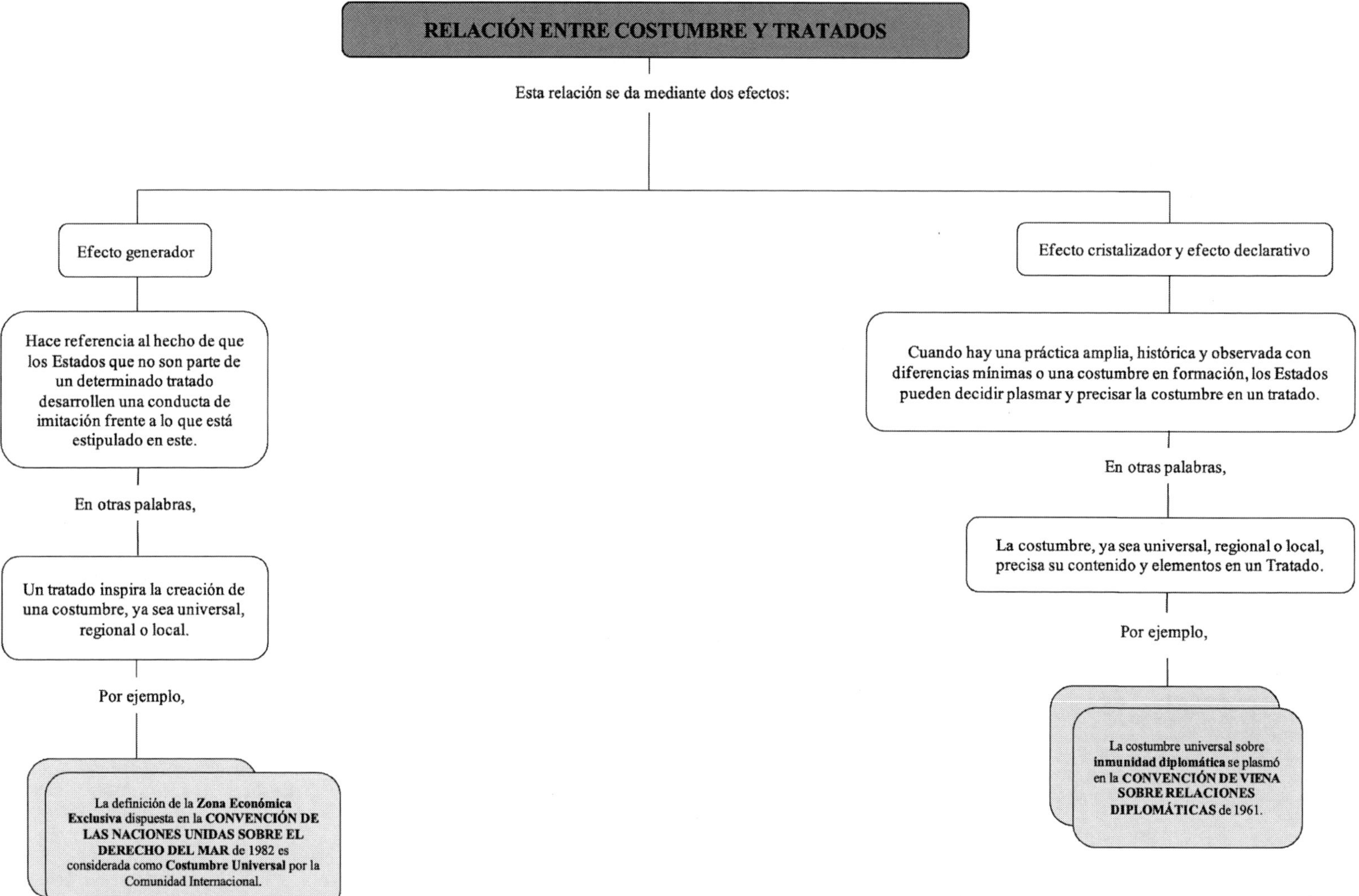
RELACIÓN ENTRE COSTUMBRE Y TRATADOS
Esta relación se da mediante dos efectos:
Efecto generador
Hace referencia al hecho de que los Estados que no son parte de un determinado tratado desarrollen una conducta de imitación frente a lo que está estipulado en este.
En otras palabras,
Un tratado inspira la creación de una costumbre, ya sea universal, regional o local.
Por ejemplo,
La definición de la Zona Económica Exclusiva dispuesta en la CONVENCIÓN DE LAS NACIONES UNIDAS SOBRE EL DERECHO DEL MAR de 1982 es considerada como Costumbre Universal por la Comunidad Internacional.
Efecto cristalizador y efecto declarativo
Cuando hay una práctica amplia, histórica y observada con diferencias mínimas o una costumbre en formación, los Estados pueden decidir plasmar y precisar la costumbre en un tratado.
En otras palabras,
La costumbre, ya sea universal, regional o local, precisa su contenido y elementos en un Tratado.
Por ejemplo,
La costumbre universal sobre inmunidad diplomática se plasmó en la CONVENCIÓN DE VIENA SOBRE RELACIONES DIPLOMÁTICAS de 1961.

2.3. Principios

PRINCIPIOS

Son normas que se originan en el Derecho Doméstico de los Estados o por convenios entre estos y que pueden convertirse en fuentes de derecho internacional.

Se dividen en:

Principios del Derecho Internacional

Se encuentran en la **RESOLUCIÓN 2625** de 1970 de la **Asamblea General de las Naciones unidas**

Estos Principios hacen referencia a la Cooperación entre Estados y la relación de amistad entre ellos.

Principios de los Sistemas Jurídicos Nacionales

Reflejan nociones locales de justicia provenientes de diferentes familias jurídicas

Principios Generales de Derecho

Son comunes a todos los Estados y formas de justicia, razón por la cual los tribunales internacionales los aplican frecuentemente.

2.3.1 Principios del Derecho Internacional

PRINCIPIOS DEL DERECHO INTERNACIONAL
Se encuentran en la RESOLUCIÓN 2625 de 1970 de la Asamblea General de las Naciones Unidas
Estos Principios hacen referencia a la Cooperación entre Estados y la relación de amistad entre ellos.
Algunos de estos principios son:
No intervención en asuntos internos de otros Estados.
Respeto a la Integridad territorial e independencia política de otros Estados.
Solución de conflictos por medios pacíficos.
Cooperación entre Estados
Igualdad de Derechos y Libre Determinación de los pueblos.
Igualdad Soberana entre Estados.
Cumplimiento de las obligaciones contraídas por los Estados.

2.3.2 Principios de los Sistemas Jurídicos Nacionales

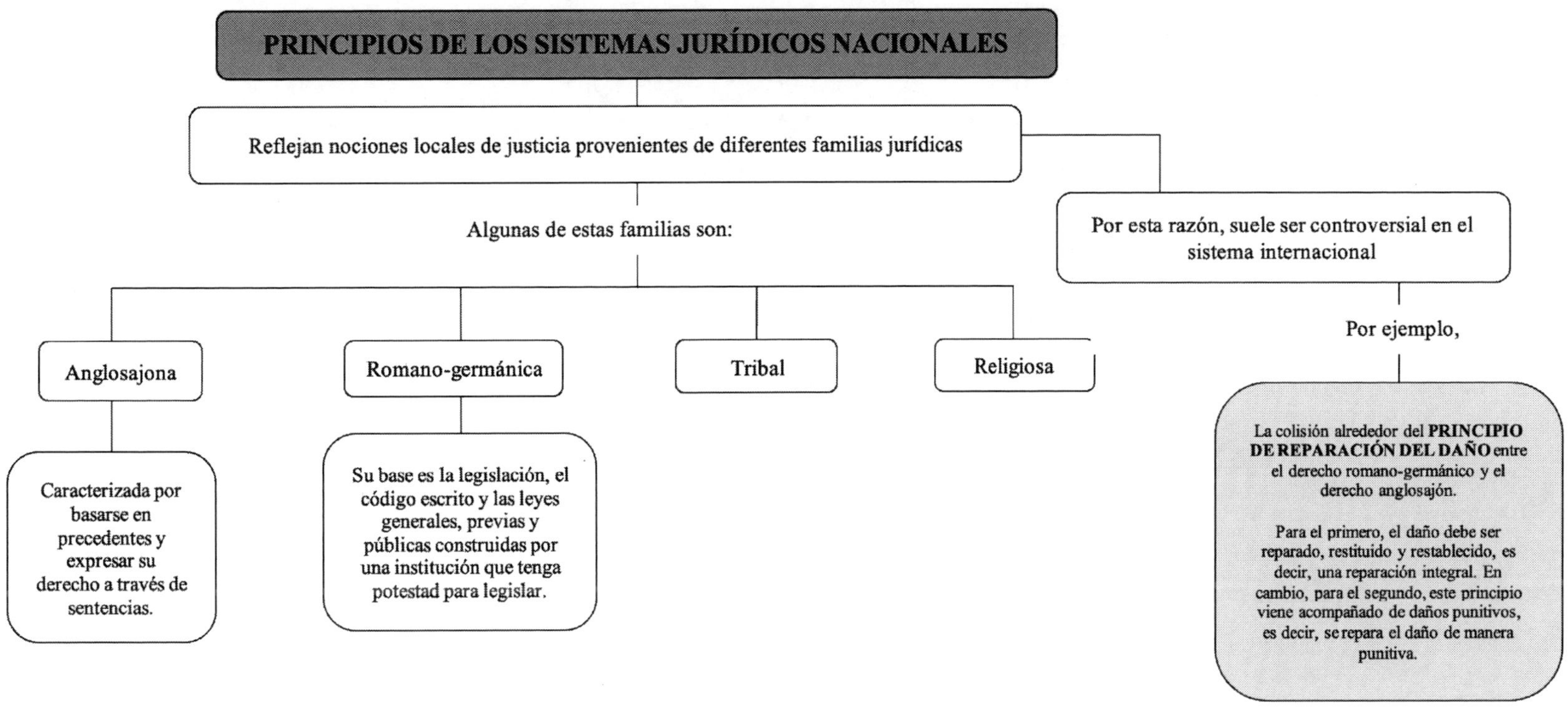
PRINCIPIOS DE LOS SISTEMAS JURÍDICOS NACIONALES
Reflejan nociones locales de justicia provenientes de diferentes familias jurídicas
Algunas de estas familias son:
Anglosajona
Caracterizada por basarse en precedentes y expresar su derecho a través de sentencias.
Romano-germánica
Su base es la legislación, el código escrito y las leyes generales, previas y públicas construidas por una institución que tenga potestad para legislar.
Tribal
Religiosa
Por esta razón, suele ser controversial en el sistema internacional
Por ejemplo,
La colisión alrededor del **PRINCIPIO DE REPARACIÓN DEL DAÑO** entre el derecho romano-germánico y el derecho anglosajón.
Para el primero, el daño debe ser reparado, restituido y restablecido, es decir, una reparación integral. En cambio, para el segundo, este principio viene acompañado de daños punitivos, es decir, se repara el daño de manera punitiva.

2.3.3 Principios Generales de Derecho

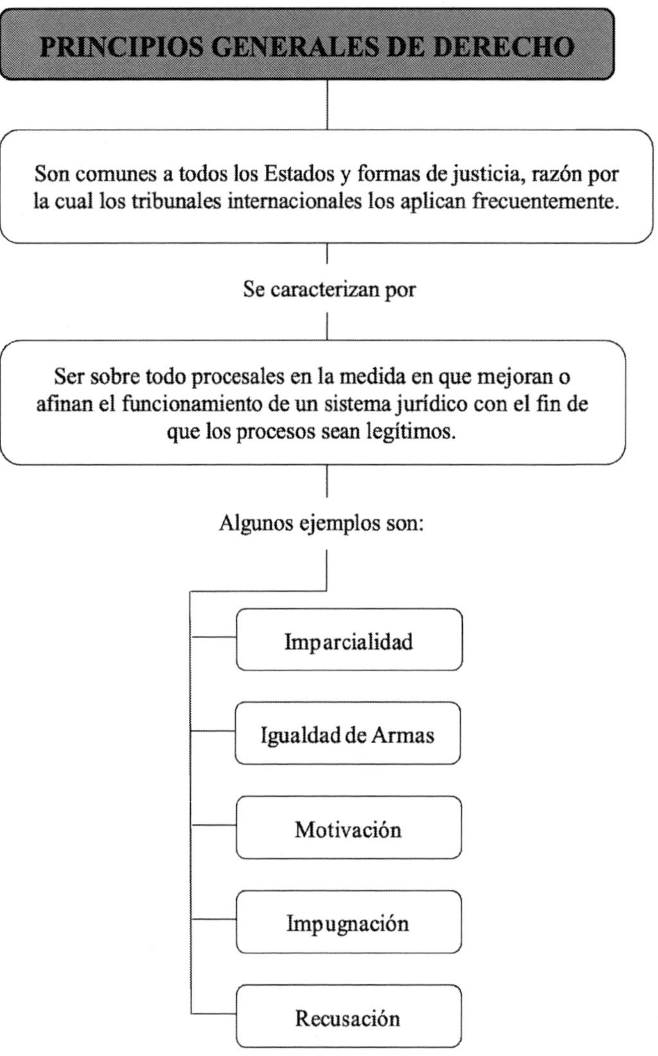
PRINCIPIOS GENERALES DE DERECHO
Son comunes a todos los Estados y formas de justicia, razón por la cual los tribunales internacionales los aplican frecuentemente.
Se caracterizan por
Ser sobre todo procesales en la medida en que mejoran o afinan el funcionamiento de un sistema jurídico con el fin de que los procesos sean legítimos.
Algunos ejemplos son:
Imparcialidad
Igualdad de Armas
Motivación
Impugnación
Recusación

2.4. Medios Auxiliares

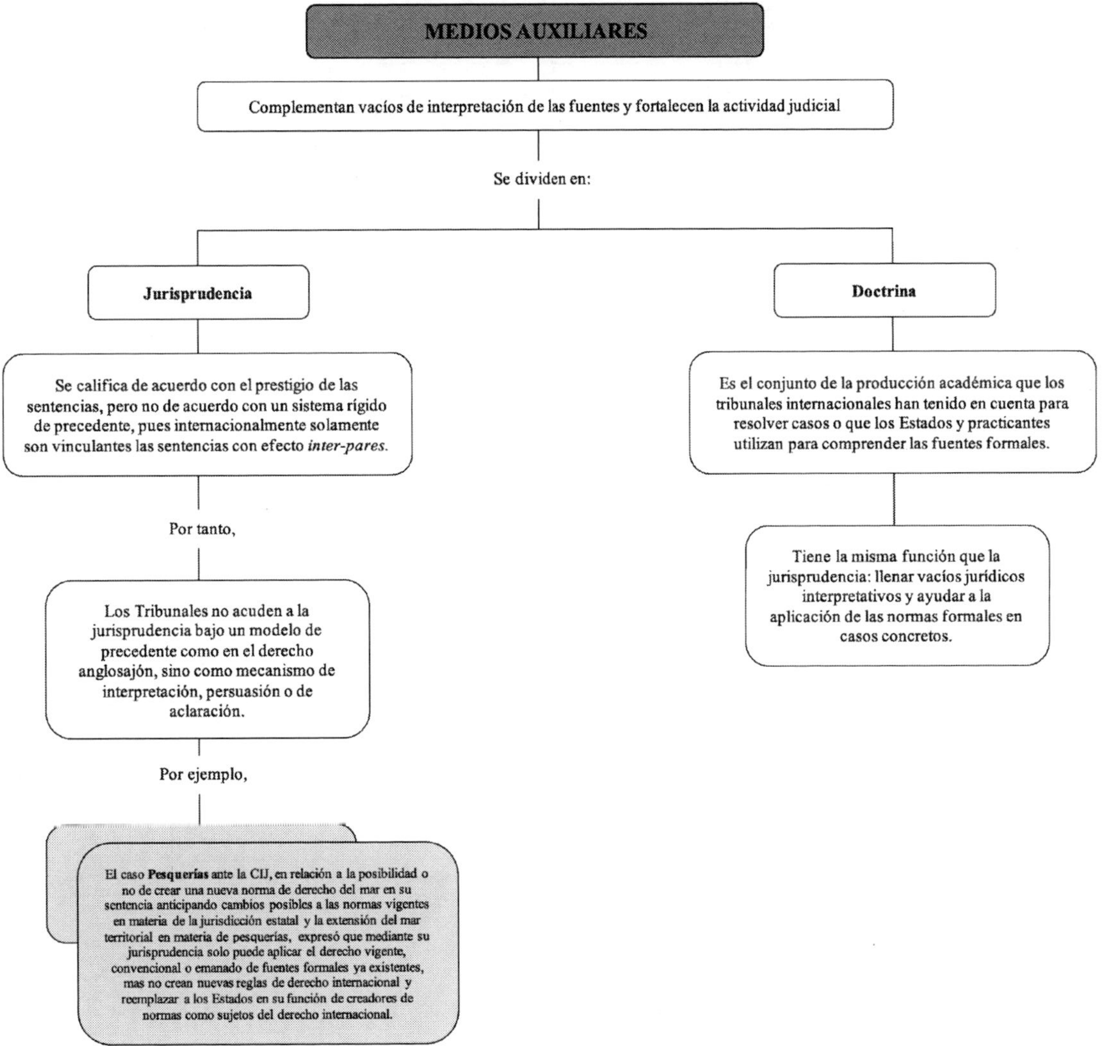
MEDIOS AUXILIARES
Complementan vacíos de interpretación de las fuentes y fortalecen la actividad judicial
Se dividen en:
Jurisprudencia
Se califica de acuerdo con el prestigio de las sentencias, pero no de acuerdo con un sistema rígido de precedente, pues internacionalmente solamente son vinculantes las sentencias con efecto *inter-pares*.
Por tanto,
Los Tribunales no acuden a la jurisprudencia bajo un modelo de precedente como en el derecho anglosajón, sino como mecanismo de interpretación, persuasión o de aclaración.
Por ejemplo,
El caso **Pesquerías** ante la CIJ, en relación a la posibilidad o no de crear una nueva norma de derecho del mar en su sentencia anticipando cambios posibles a las normas vigentes en materia de la jurisdicción estatal y la extensión del mar territorial en materia de pesquerías, expresó que mediante su jurisprudencia solo puede aplicar el derecho vigente, convencional o emanado de fuentes formales ya existentes, mas no crean nuevas reglas de derecho internacional y reemplazar a los Estados en su función de creadores de normas como sujetos del derecho internacional.
Doctrina
Es el conjunto de la producción académica que los tribunales internacionales han tenido en cuenta para resolver casos o que los Estados y practicantes utilizan para comprender las fuentes formales.
Tiene la misma función que la jurisprudencia: llenar vacíos jurídicos interpretativos y ayudar a la aplicación de las normas formales en casos concretos.

2.5. Actos Unilaterales

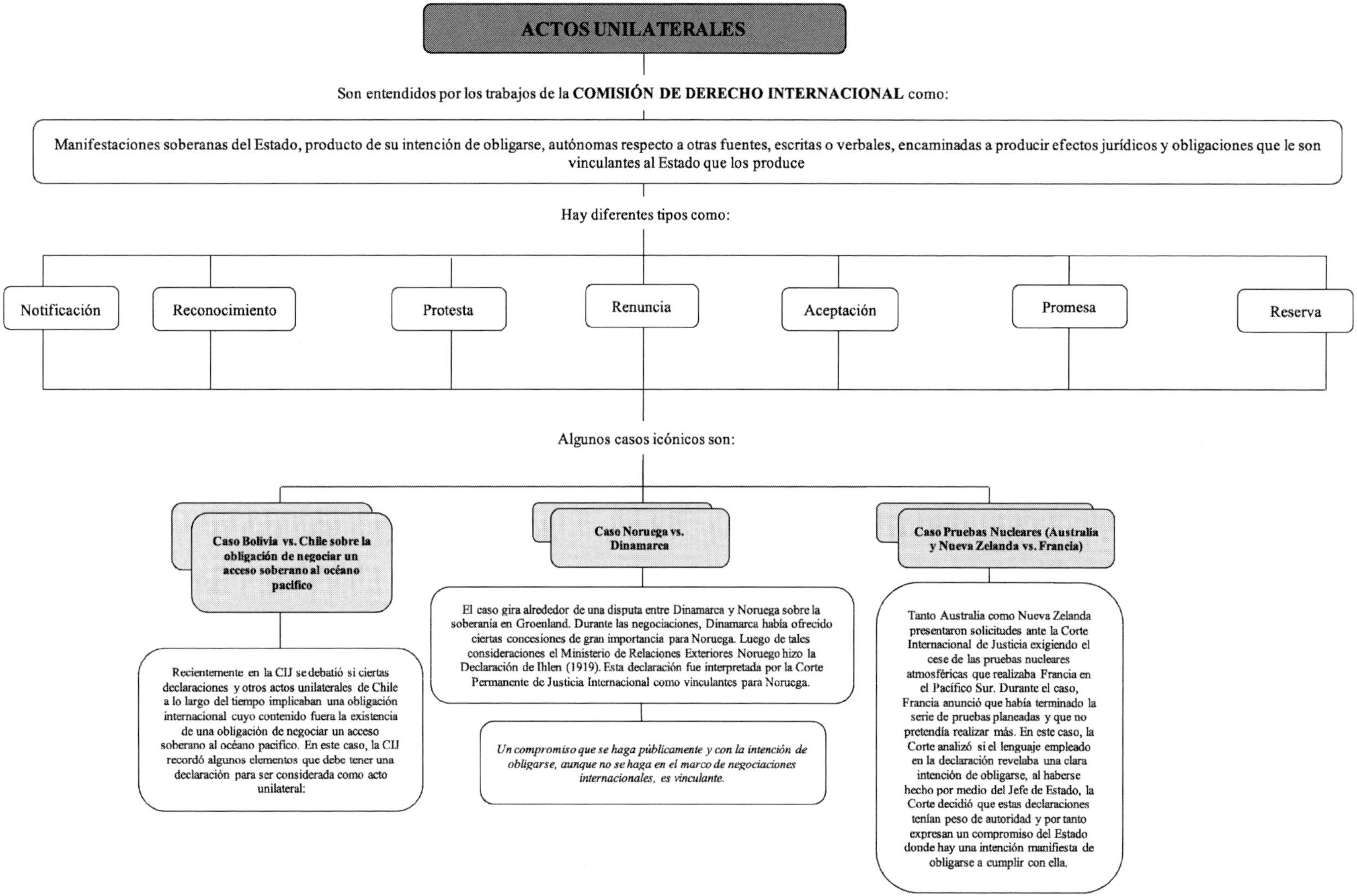

ACTOS UNILATERALES

Son entendidos por los trabajos de la **COMISIÓN DE DERECHO INTERNACIONAL** como:

Manifestaciones soberanas del Estado, producto de su intención de obligarse, autónomas respecto a otras fuentes, escritas o verbales, encaminadas a producir efectos jurídicos y obligaciones que le son vinculantes al Estado que los produce

Hay diferentes tipos como:

- Notificación
- Reconocimiento
- Protesta
- Renuncia
- Aceptación
- Promesa
- Reserva

Algunos casos icónicos son:

Caso Bolivia vs. Chile sobre la obligación de negociar un acceso soberano al océano pacífico

Recientemente en la CIJ se debatió si ciertas declaraciones y otros actos unilaterales de Chile a lo largo del tiempo implicaban una obligación internacional cuyo contenido fuera la existencia de una obligación de negociar un acceso soberano al océano pacífico. En este caso, la CIJ recordó algunos elementos que debe tener una declaración para ser considerada como acto unilateral:

Caso Noruega vs. Dinamarca

El caso gira alrededor de una disputa entre Dinamarca y Noruega sobre la soberanía en Groenland. Durante las negociaciones, Dinamarca había ofrecido ciertas concesiones de gran importancia para Noruega. Luego de tales consideraciones el Ministerio de Relaciones Exteriores Noruego hizo la Declaración de Ihlen (1919). Esta declaración fue interpretada por la Corte Permanente de Justicia Internacional como vinculantes para Noruega.

Un compromiso que se haga públicamente y con la intención de obligarse, aunque no se haga en el marco de negociaciones internacionales, es vinculante.

Caso Pruebas Nucleares (Australia y Nueva Zelanda vs. Francia)

Tanto Australia como Nueva Zelanda presentaron solicitudes ante la Corte Internacional de Justicia exigiendo el cese de las pruebas nucleares atmosféricas que realizaba Francia en el Pacífico Sur. Durante el caso, Francia anunció que había terminado la serie de pruebas planeadas y que no pretendía realizar más. En este caso, la Corte analizó si el lenguaje empleado en la declaración revelaba una clara intención de obligarse, al haberse hecho por medio del Jefe de Estado, la Corte decidió que estas declaraciones tenían peso de autoridad y por tanto expresan un compromiso del Estado donde hay una intención manifiesta de obligarse a cumplir con ella.

Capítulo 3

RESPONSABILIDAD INTERNACIONAL POR HECHOS INTERNACIONALMENTE ILÍCITOS

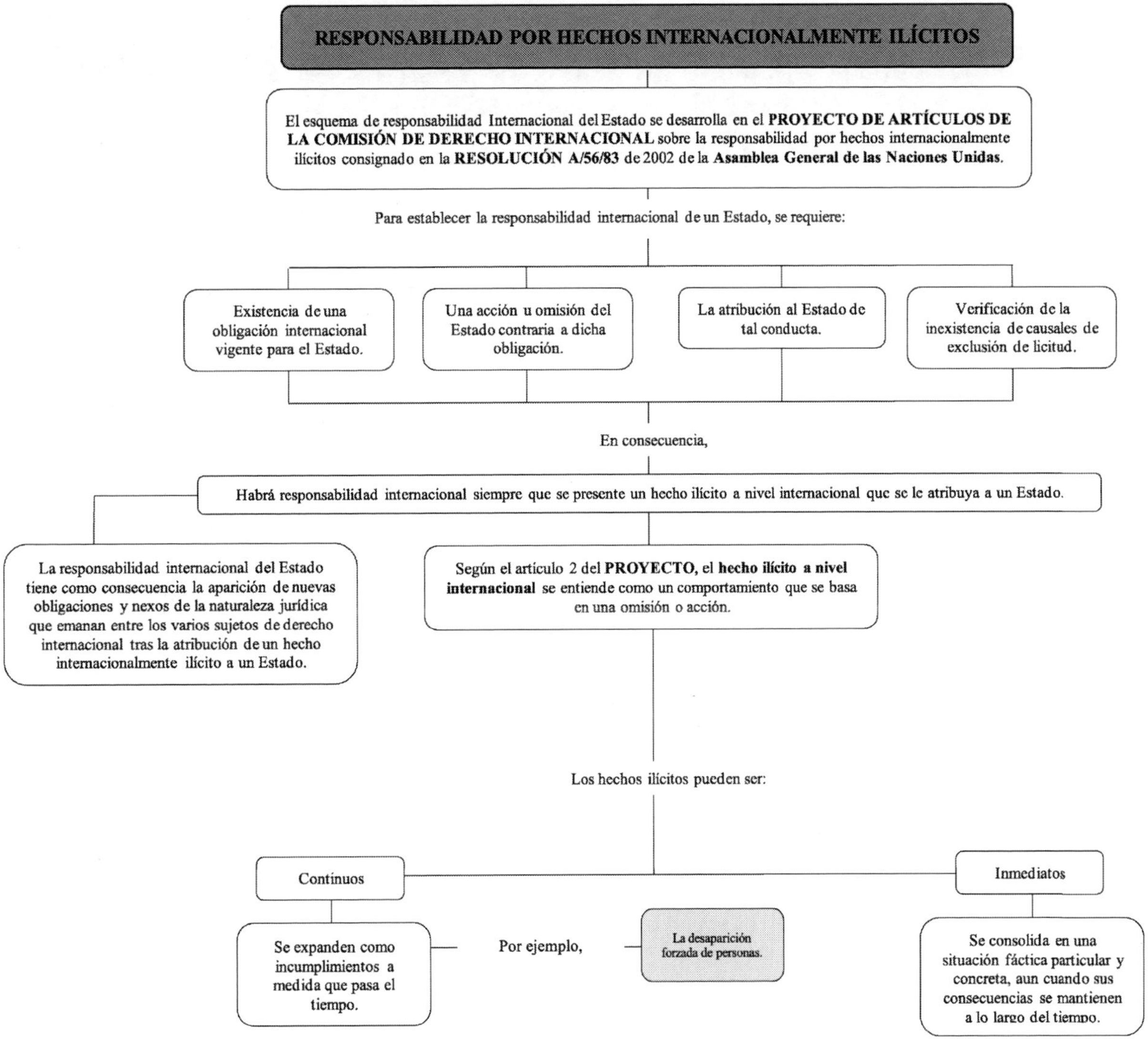

RESPONSABILIDAD POR HECHOS INTERNACIONALMENTE ILÍCITOS

El esquema de responsabilidad Internacional del Estado se desarrolla en el **PROYECTO DE ARTÍCULOS DE LA COMISIÓN DE DERECHO INTERNACIONAL** sobre la responsabilidad por hechos internacionalmente ilícitos consignado en la **RESOLUCIÓN A/56/83** de 2002 de la **Asamblea General de las Naciones Unidas**.

Para establecer la responsabilidad internacional de un Estado, se requiere:

- Existencia de una obligación internacional vigente para el Estado.
- Una acción u omisión del Estado contraria a dicha obligación.
- La atribución al Estado de tal conducta.
- Verificación de la inexistencia de causales de exclusión de licitud.

En consecuencia,

Habrá responsabilidad internacional siempre que se presente un hecho ilícito a nivel internacional que se le atribuya a un Estado.

La responsabilidad internacional del Estado tiene como consecuencia la aparición de nuevas obligaciones y nexos de la naturaleza jurídica que emanan entre los varios sujetos de derecho internacional tras la atribución de un hecho internacionalmente ilícito a un Estado.

Según el artículo 2 del **PROYECTO**, el **hecho ilícito a nivel internacional** se entiende como un comportamiento que se basa en una omisión o acción.

Los hechos ilícitos pueden ser:

- **Continuos**: Se expanden como incumplimientos a medida que pasa el tiempo. Por ejemplo, La desaparición forzada de personas.
- **Inmediatos**: Se consolida en una situación fáctica particular y concreta, aun cuando sus consecuencias se mantienen a lo largo del tiempo.

3.1. Criterios de atribución de conducta de agentes, individuos y otros al Estado (Artículos 4 - 7 del Proyecto)

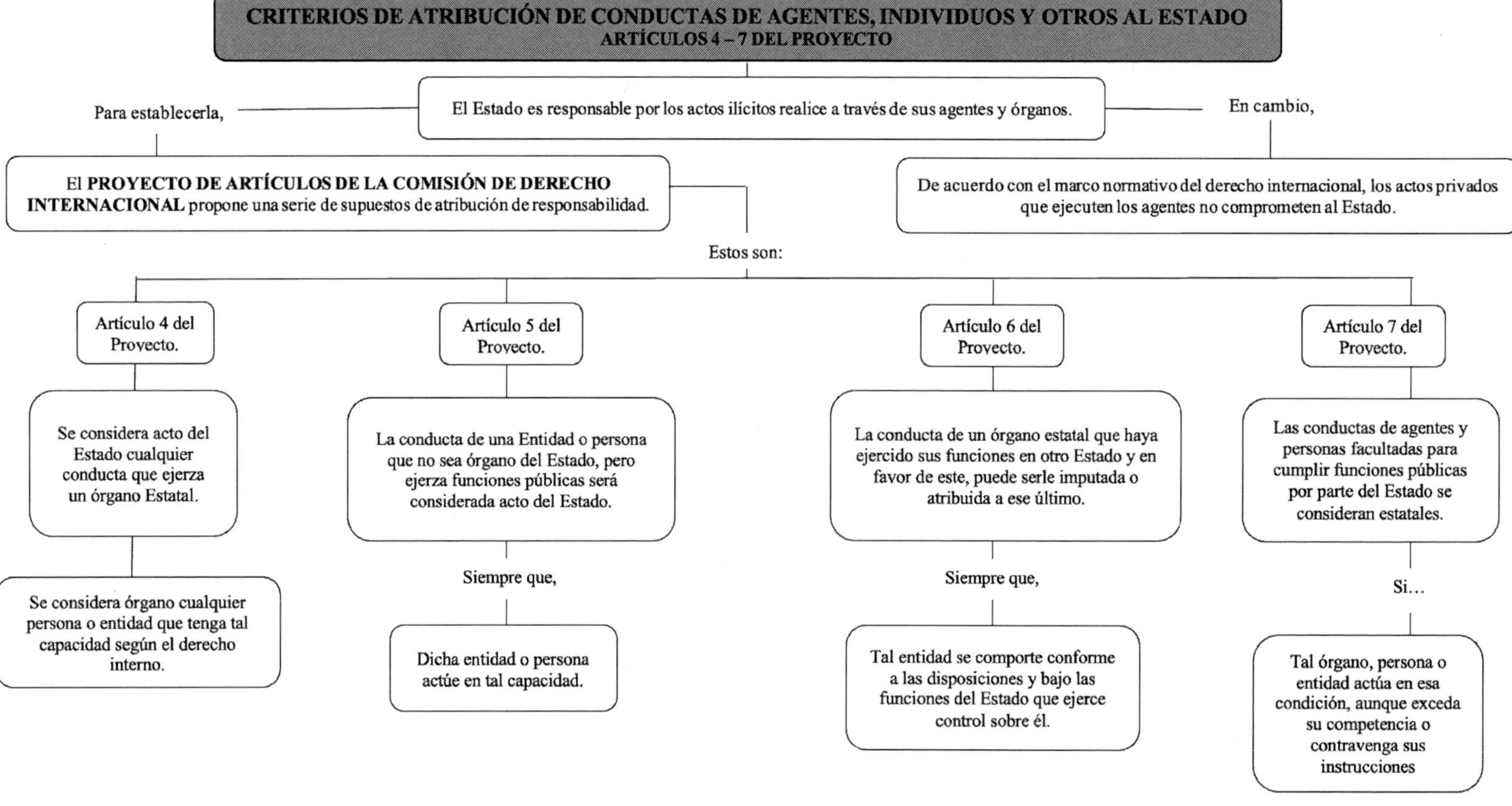
CRITERIOS DE ATRIBUCIÓN DE CONDUCTAS DE AGENTES, INDIVIDUOS Y OTROS AL ESTADO
ARTÍCULOS 4 – 7 DEL PROYECTO
Para establecerla,
El Estado es responsable por los actos ilícitos realice a través de sus agentes y órganos.
En cambio,
El PROYECTO DE ARTÍCULOS DE LA COMISIÓN DE DERECHO INTERNACIONAL propone una serie de supuestos de atribución de responsabilidad.
De acuerdo con el marco normativo del derecho internacional, los actos privados que ejecuten los agentes no comprometen al Estado.
Estos son:
Artículo 4 del Proyecto.
Artículo 5 del Proyecto.
Artículo 6 del Proyecto.
Artículo 7 del Proyecto.
Se considera acto del Estado cualquier conducta que ejerza un órgano Estatal.
La conducta de una Entidad o persona que no sea órgano del Estado, pero ejerza funciones públicas será considerada acto del Estado.
La conducta de un órgano estatal que haya ejercido sus funciones en otro Estado y en favor de este, puede serle imputada o atribuida a ese último.
Las conductas de agentes y personas facultadas para cumplir funciones públicas por parte del Estado se consideran estatales.
Siempre que,
Siempre que,
Si…
Se considera órgano cualquier persona o entidad que tenga tal capacidad según el derecho interno.
Dicha entidad o persona actúe en tal capacidad.
Tal entidad se comporte conforme a las disposiciones y bajo las funciones del Estado que ejerce control sobre él.
Tal órgano, persona o entidad actúa en esa condición, aunque exceda su competencia o contravenga sus instrucciones

3.2. Criterios de atribución de conducta de agentes, individuos y otros al Estado (Artículos 8 - 11 del Proyecto)

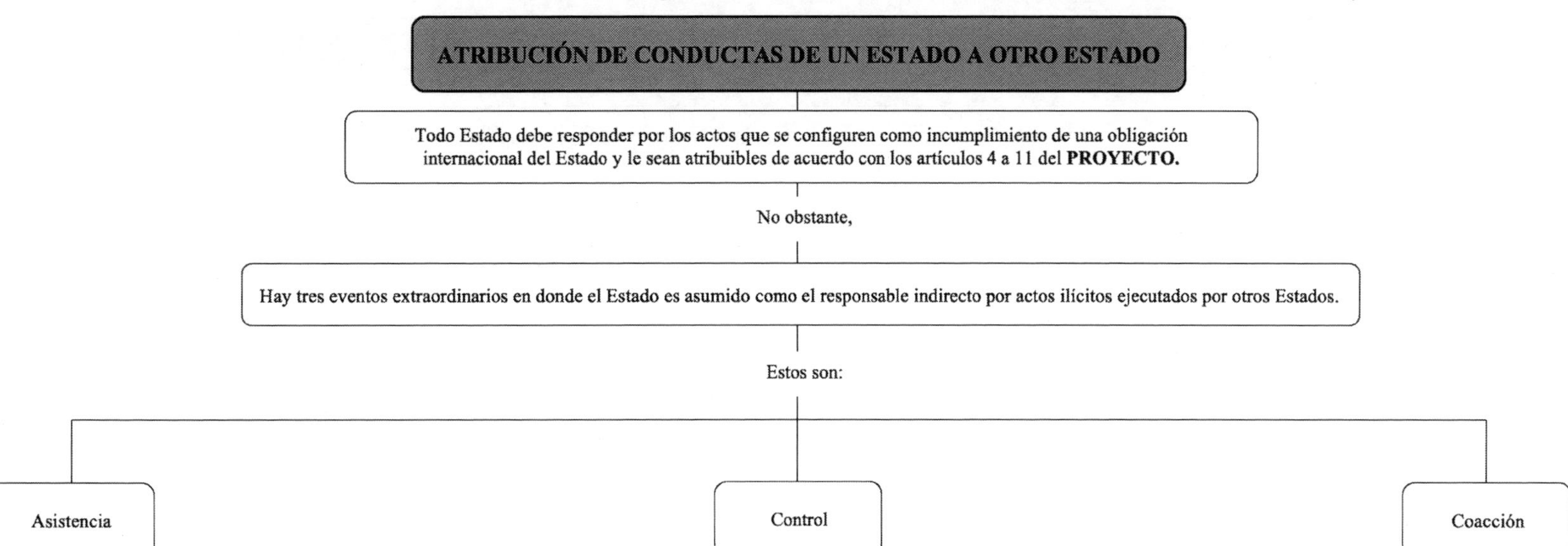
ATRIBUCIÓN DE CONDUCTAS DE UN ESTADO A OTRO ESTADO
Todo Estado debe responder por los actos que se configuren como incumplimiento de una obligación internacional del Estado y le sean atribuibles de acuerdo con los artículos 4 a 11 del **PROYECTO.**
No obstante,
Hay tres eventos extraordinarios en donde el Estado es asumido como el responsable indirecto por actos ilícitos ejecutados por otros Estados.
Estos son:
Asistencia
Control
Coacción

3.3. Atribución de conductas de un Estado a otro Estado

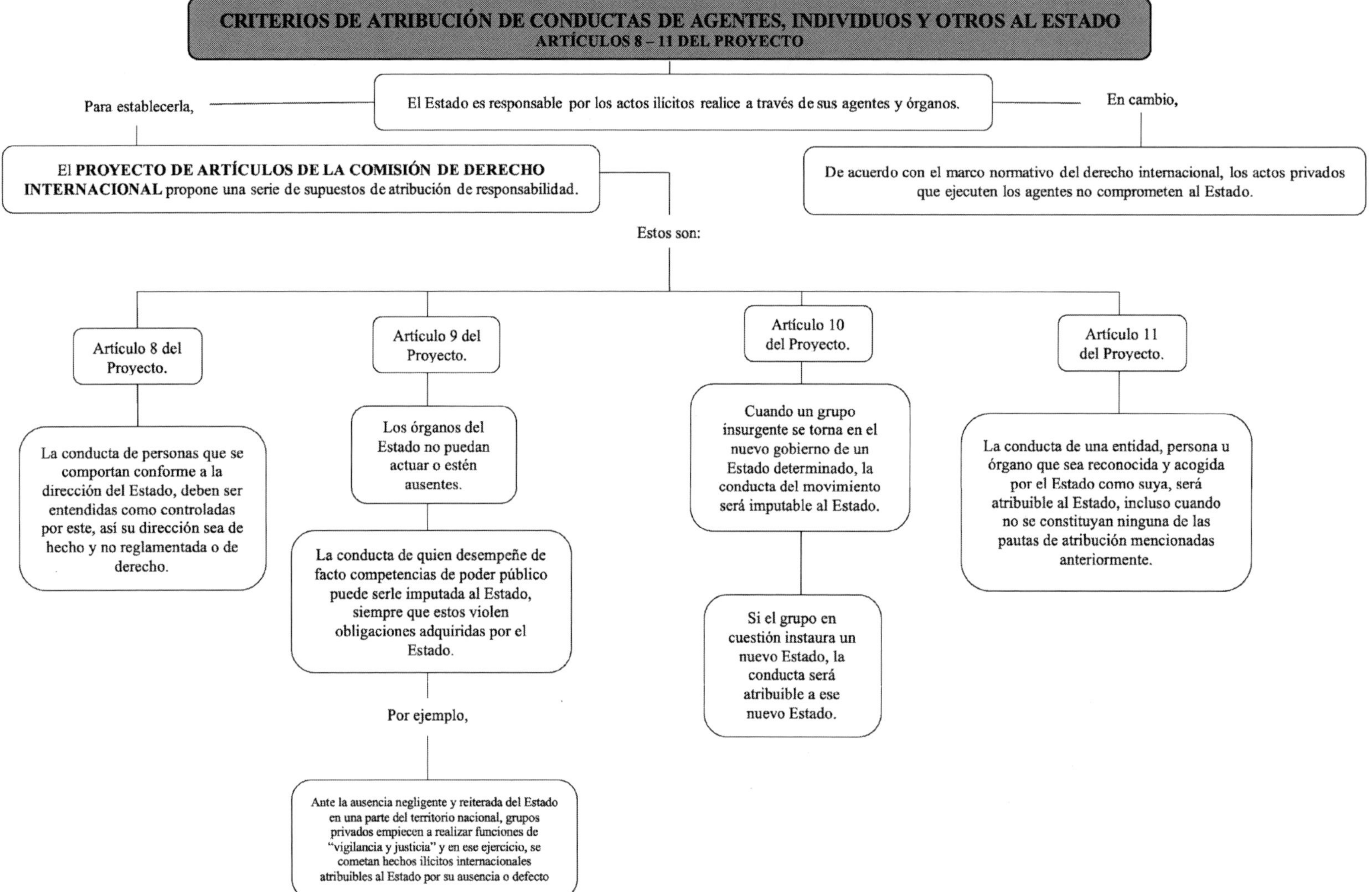
CRITERIOS DE ATRIBUCIÓN DE CONDUCTAS DE AGENTES, INDIVIDUOS Y OTROS AL ESTADO
ARTÍCULOS 8 – 11 DEL PROYECTO
El Estado es responsable por los actos ilícitos realice a través de sus agentes y órganos.
Para establecerla,
El PROYECTO DE ARTÍCULOS DE LA COMISIÓN DE DERECHO INTERNACIONAL propone una serie de supuestos de atribución de responsabilidad.
En cambio,
De acuerdo con el marco normativo del derecho internacional, los actos privados que ejecuten los agentes no comprometen al Estado.
Estos son:
Artículo 8 del Proyecto.
La conducta de personas que se comportan conforme a la dirección del Estado, deben ser entendidas como controladas por este, así su dirección sea de hecho y no reglamentada o de derecho.
Artículo 9 del Proyecto.
Los órganos del Estado no puedan actuar o estén ausentes.
La conducta de quien desempeñe de facto competencias de poder público puede serle imputada al Estado, siempre que estos violen obligaciones adquiridas por el Estado.
Por ejemplo,
Ante la ausencia negligente y reiterada del Estado en una parte del territorio nacional, grupos privados empiecen a realizar funciones de "vigilancia y justicia" y en ese ejercicio, se cometan hechos ilícitos internacionales atribuibles al Estado por su ausencia o defecto
Artículo 10 del Proyecto.
Cuando un grupo insurgente se torna en el nuevo gobierno de un Estado determinado, la conducta del movimiento será imputable al Estado.
Si el grupo en cuestión instaura un nuevo Estado, la conducta será atribuible a ese nuevo Estado.
Artículo 11 del Proyecto.
La conducta de una entidad, persona u órgano que sea reconocida y acogida por el Estado como suya, será atribuible al Estado, incluso cuando no se constituyan ninguna de las pautas de atribución mencionadas anteriormente.

3.3.1. Asistencia

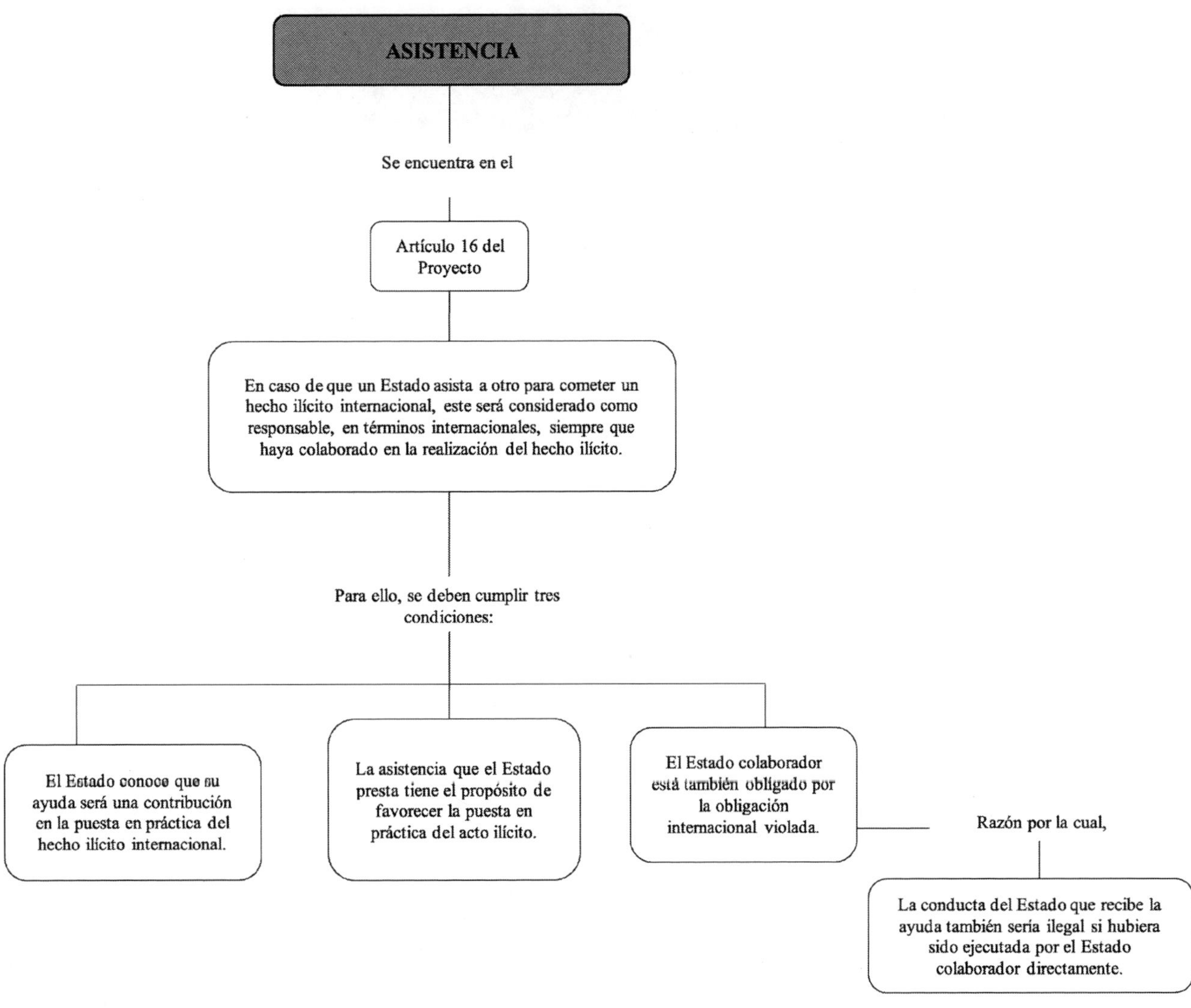
ASISTENCIA
Se encuentra en el
Artículo 16 del Proyecto
En caso de que un Estado asista a otro para cometer un hecho ilícito internacional, este será considerado como responsable, en términos internacionales, siempre que haya colaborado en la realización del hecho ilícito.
Para ello, se deben cumplir tres condiciones:
El Estado conoce que su ayuda será una contribución en la puesta en práctica del hecho ilícito internacional.
La asistencia que el Estado presta tiene el propósito de favorecer la puesta en práctica del acto ilícito.
El Estado colaborador está también obligado por la obligación internacional violada.
Razón por la cual,
La conducta del Estado que recibe la ayuda también sería ilegal si hubiera sido ejecutada por el Estado colaborador directamente.

3.3.2. Control

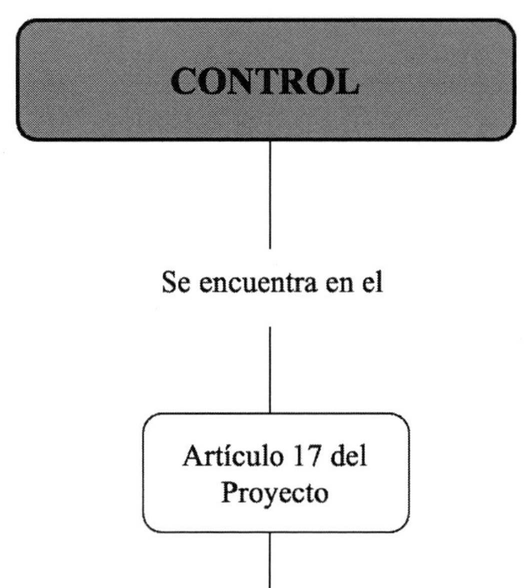
CONTROL
Se encuentra en el
Artículo 17 del Proyecto
Si un Estado controla a otro para que se cometa un hecho ilícito internacional, el primero será considerado como responsable internacionalmente.
Para ello, se deben cumplir dos condiciones:
El Estado conoce que los actos cometidos tienen una naturaleza de ilicitud.
El Estado que dirige o controla está también obligado por el compromiso desobedecido.

3.3.3. Coacción

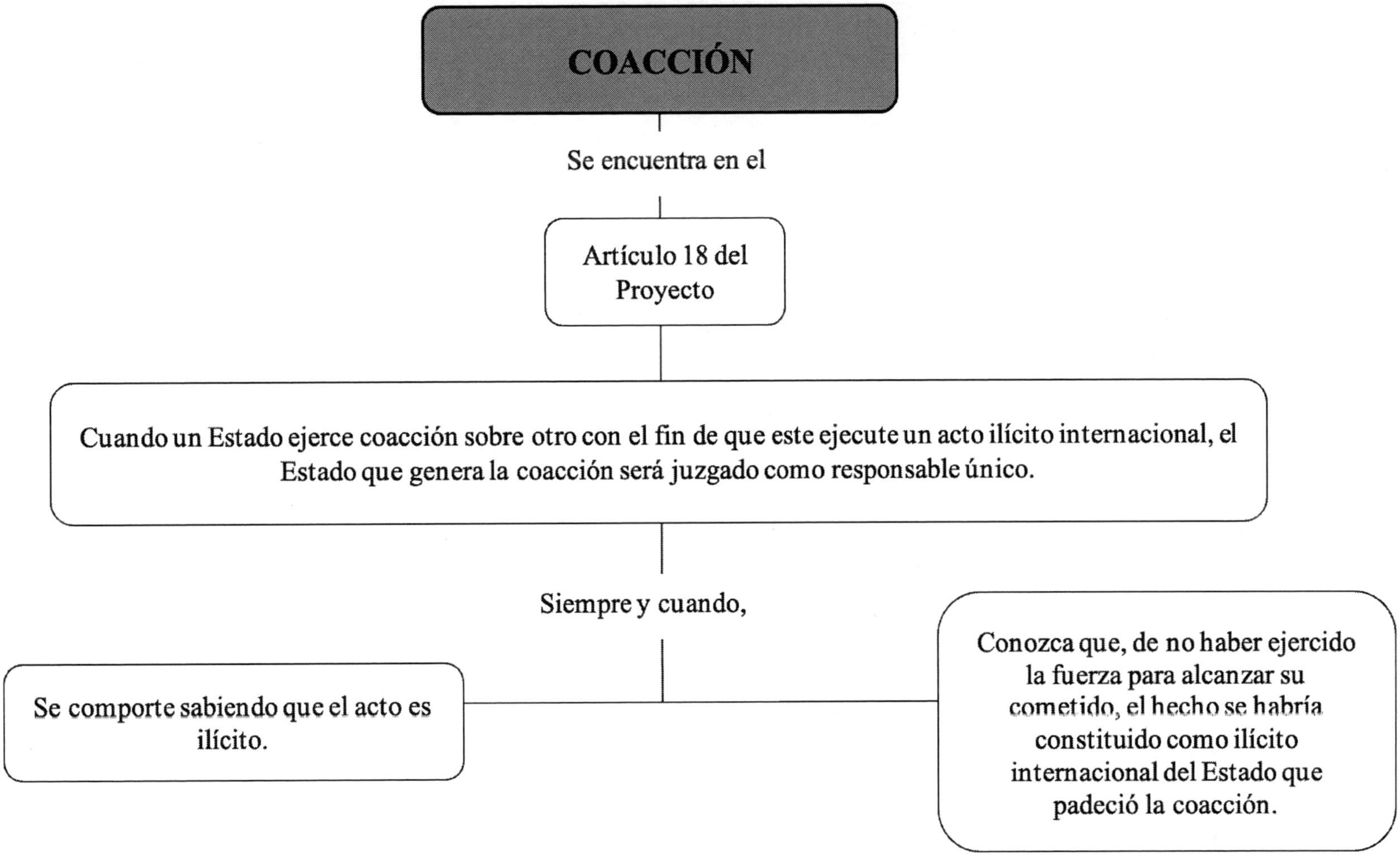

COACCIÓN

Se encuentra en el

Artículo 18 del Proyecto

Cuando un Estado ejerce coacción sobre otro con el fin de que este ejecute un acto ilícito internacional, el Estado que genera la coacción será juzgado como responsable único.

Siempre y cuando,

Se comporte sabiendo que el acto es ilícito.

Conozca que, de no haber ejercido la fuerza para alcanzar su cometido, el hecho se habría constituido como ilícito internacional del Estado que padeció la coacción.

3.4. Causales de Exclusión de Ilicitud

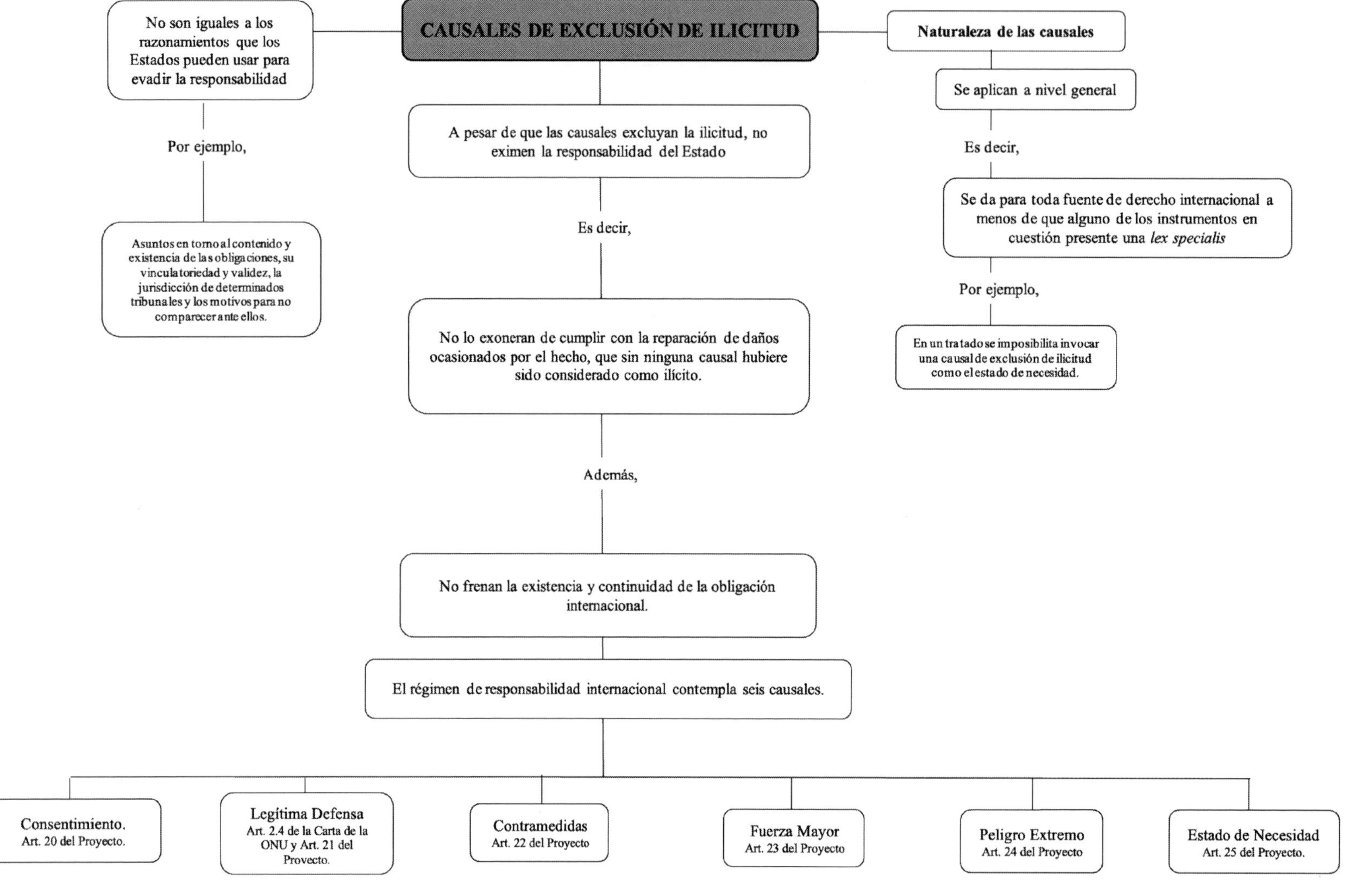
CAUSALES DE EXCLUSIÓN DE ILICITUD
No son iguales a los razonamientos que los Estados pueden usar para evadir la responsabilidad
Por ejemplo,
Asuntos en torno al contenido y existencia de las obligaciones, su vinculatoriedad y validez, la jurisdicción de determinados tribunales y los motivos para no comparecer ante ellos.
A pesar de que las causales excluyan la ilicitud, no eximen la responsabilidad del Estado
Es decir,
No lo exoneran de cumplir con la reparación de daños ocasionados por el hecho, que sin ninguna causal hubiere sido considerado como ilícito.
Además,
No frenan la existencia y continuidad de la obligación internacional.
El régimen de responsabilidad internacional contempla seis causales.
Consentimiento. Art. 20 del Proyecto.
Legítima Defensa Art. 2.4 de la Carta de la ONU y Art. 21 del Proyecto.
Contramedidas Art. 22 del Proyecto
Fuerza Mayor Art. 23 del Proyecto
Peligro Extremo Art. 24 del Proyecto
Estado de Necesidad Art. 25 del Proyecto.
Naturaleza de las causales
Se aplican a nivel general
Es decir,
Se da para toda fuente de derecho internacional a menos de que alguno de los instrumentos en cuestión presente una lex specialis
Por ejemplo,
En un tratado se imposibilita invocar una causal de exclusión de ilicitud como el estado de necesidad.

3.4.1. Causales de Exclusión de Ilicitud (Artículos 20 - 22 del Proyecto)

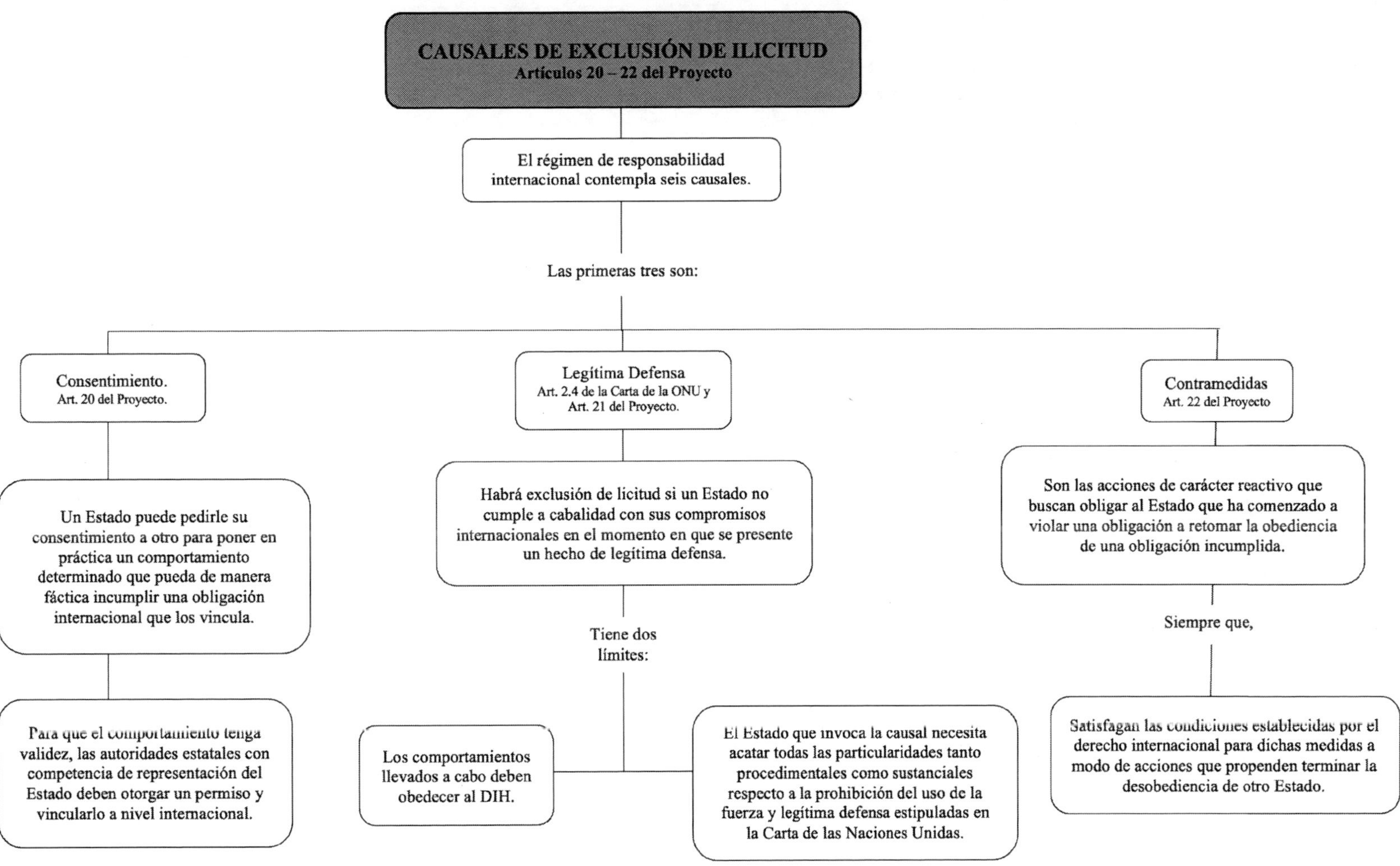
CAUSALES DE EXCLUSIÓN DE ILICITUD
Artículos 20 – 22 del Proyecto
El régimen de responsabilidad internacional contempla seis causales.
Las primeras tres son:
Consentimiento.
Art. 20 del Proyecto.
Legítima Defensa
Art. 2.4 de la Carta de la ONU y Art. 21 del Proyecto.
Contramedidas
Art. 22 del Proyecto
Un Estado puede pedirle su consentimiento a otro para poner en práctica un comportamiento determinado que pueda de manera fáctica incumplir una obligación internacional que los vincula.
Habrá exclusión de licitud si un Estado no cumple a cabalidad con sus compromisos internacionales en el momento en que se presente un hecho de legítima defensa.
Son las acciones de carácter reactivo que buscan obligar al Estado que ha comenzado a violar una obligación a retomar la obediencia de una obligación incumplida.
Tiene dos límites:
Siempre que,
Para que el comportamiento tenga validez, las autoridades estatales con competencia de representación del Estado deben otorgar un permiso y vincularlo a nivel internacional.
Los comportamientos llevados a cabo deben obedecer al DIH.
El Estado que invoca la causal necesita acatar todas las particularidades tanto procedimentales como sustanciales respecto a la prohibición del uso de la fuerza y legítima defensa estipuladas en la Carta de las Naciones Unidas.
Satisfagan las condiciones establecidas por el derecho internacional para dichas medidas a modo de acciones que propenden terminar la desobediencia de otro Estado.

3.4.2. Causales de Exclusión de Ilicitud (Artículos 23 - 25 del Proyecto)

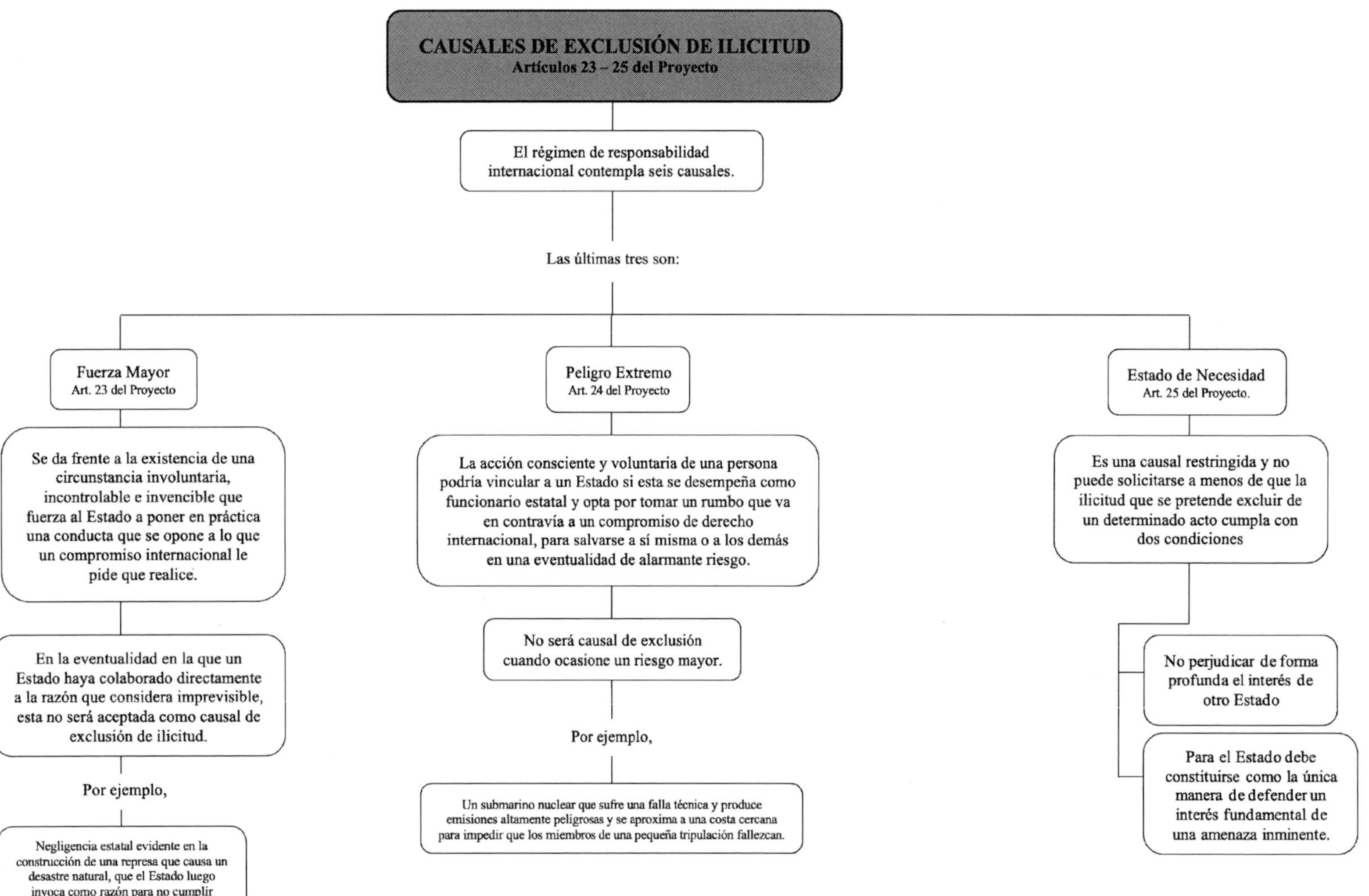
CAUSALES DE EXCLUSIÓN DE ILICITUD
Artículos 23 – 25 del Proyecto
El régimen de responsabilidad internacional contempla seis causales.
Las últimas tres son:
Fuerza Mayor
Art. 23 del Proyecto
Se da frente a la existencia de una circunstancia involuntaria, incontrolable e invencible que fuerza al Estado a poner en práctica una conducta que se opone a lo que un compromiso internacional le pide que realice.
En la eventualidad en la que un Estado haya colaborado directamente a la razón que considera imprevisible, esta no será aceptada como causal de exclusión de ilicitud.
Por ejemplo,
Negligencia estatal evidente en la construcción de una represa que causa un desastre natural, que el Estado luego invoca como razón para no cumplir obligaciones internacionales.
Peligro Extremo
Art. 24 del Proyecto
La acción consciente y voluntaria de una persona podría vincular a un Estado si esta se desempeña como funcionario estatal y opta por tomar un rumbo que va en contravía a un compromiso de derecho internacional, para salvarse a sí misma o a los demás en una eventualidad de alarmante riesgo.
No será causal de exclusión cuando ocasione un riesgo mayor.
Por ejemplo,
Un submarino nuclear que sufre una falla técnica y produce emisiones altamente peligrosas y se aproxima a una costa cercana para impedir que los miembros de una pequeña tripulación fallezcan.
Estado de Necesidad
Art. 25 del Proyecto.
Es una causal restringida y no puede solicitarse a menos de que la ilicitud que se pretende excluir de un determinado acto cumpla con dos condiciones
No perjudicar de forma profunda el interés de otro Estado
Para el Estado debe constituirse como la única manera de defender un interés fundamental de una amenaza inminente.

3.5. Invocación de la Responsabilidad Internacional

INVOCACIÓN DE LA RESPONSABILIDAD INTERNACIONAL

Para que la responsabilidad del Estado se haga efectiva, es necesario que el **Estado Perjudicado** o cualquier otro sujeto de derecho internacional legitimado para dicho propósito, la invoque.
Artículo 42 del Proyecto

¿Qué se entiende por "Estado Perjudicado"?

Es aquel que en virtud de un hecho ilícito internacional se le ha negado o ha afectado en cierta medida su derecho individual.

Además,

Un Estado que no ha sido víctima también puede invocar la responsabilidad En situaciones en las que se desobedezcan compromisos que buscan defender intereses colectivos de la comunidad internacional.
Art. 48 del Proyecto

3.6. Consecuencias de la Responsabilidad Internacional

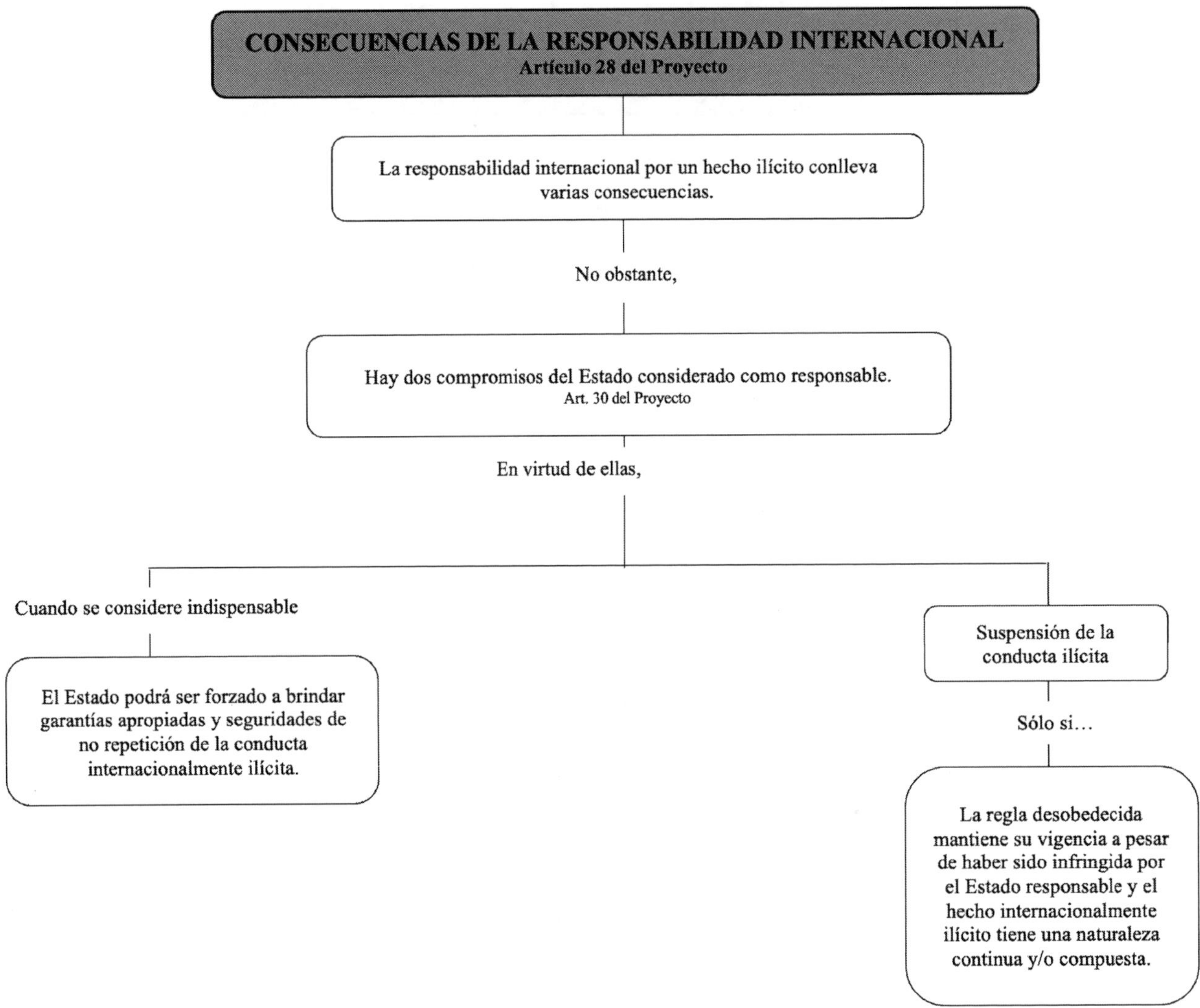
CONSECUENCIAS DE LA RESPONSABILIDAD INTERNACIONAL
Artículo 28 del Proyecto
La responsabilidad internacional por un hecho ilícito conlleva varias consecuencias.
No obstante,
Hay dos compromisos del Estado considerado como responsable.
Art. 30 del Proyecto
En virtud de ellas,
Cuando se considere indispensable
El Estado podrá ser forzado a brindar garantías apropiadas y seguridades de no repetición de la conducta internacionalmente ilícita.
Suspensión de la conducta ilícita
Sólo si…
La regla desobedecida mantiene su vigencia a pesar de haber sido infringida por el Estado responsable y el hecho internacionalmente ilícito tiene una naturaleza continua y/o compuesta.

3.6.1. Reparación

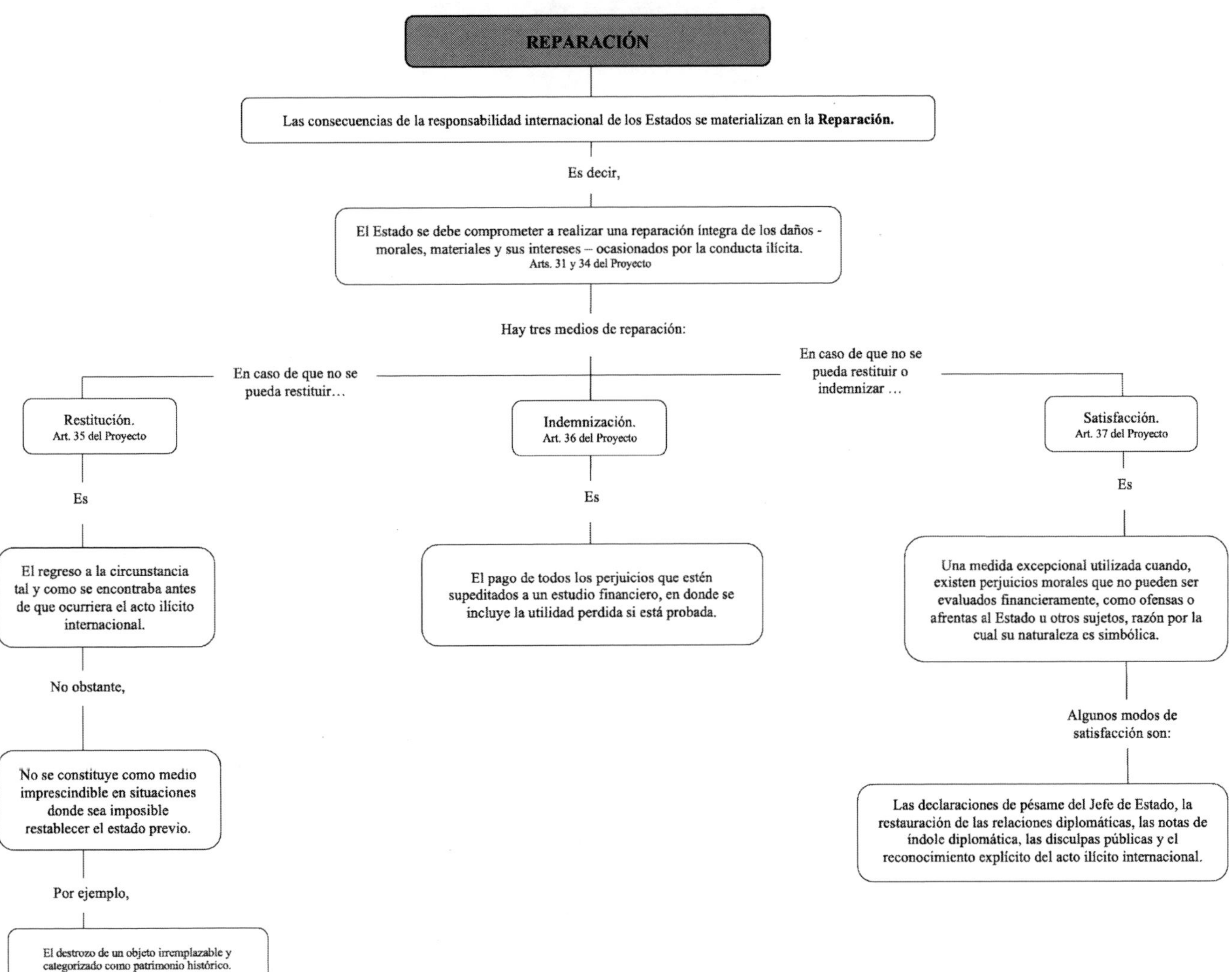
REPARACIÓN
Las consecuencias de la responsabilidad internacional de los Estados se materializan en la **Reparación.**
Es decir,
El Estado se debe comprometer a realizar una reparación íntegra de los daños - morales, materiales y sus intereses – ocasionados por la conducta ilícita.
Arts. 31 y 34 del Proyecto
Hay tres medios de reparación:
En caso de que no se pueda restituir…
En caso de que no se pueda restituir o indemnizar …
Restitución.
Art. 35 del Proyecto
Es
El regreso a la circunstancia tal y como se encontraba antes de que ocurriera el acto ilícito internacional.
No obstante,
No se constituye como medio imprescindible en situaciones donde sea imposible restablecer el estado previo.
Por ejemplo,
El destrozo de un objeto irremplazable y categorizado como patrimonio histórico.
Indemnización.
Art. 36 del Proyecto
Es
El pago de todos los perjuicios que estén supeditados a un estudio financiero, en donde se incluye la utilidad perdida si está probada.
Satisfacción.
Art. 37 del Proyecto
Es
Una medida excepcional utilizada cuando, existen perjuicios morales que no pueden ser evaluados financieramente, como ofensas o afrentas al Estado u otros sujetos, razón por la cual su naturaleza es simbólica.
Algunos modos de satisfacción son:
Las declaraciones de pésame del Jefe de Estado, la restauración de las relaciones diplomáticas, las notas de índole diplomática, las disculpas públicas y el reconocimiento explícito del acto ilícito internacional.

Capítulo 4

CORTE INTERNACIONAL DE JUSTICIA

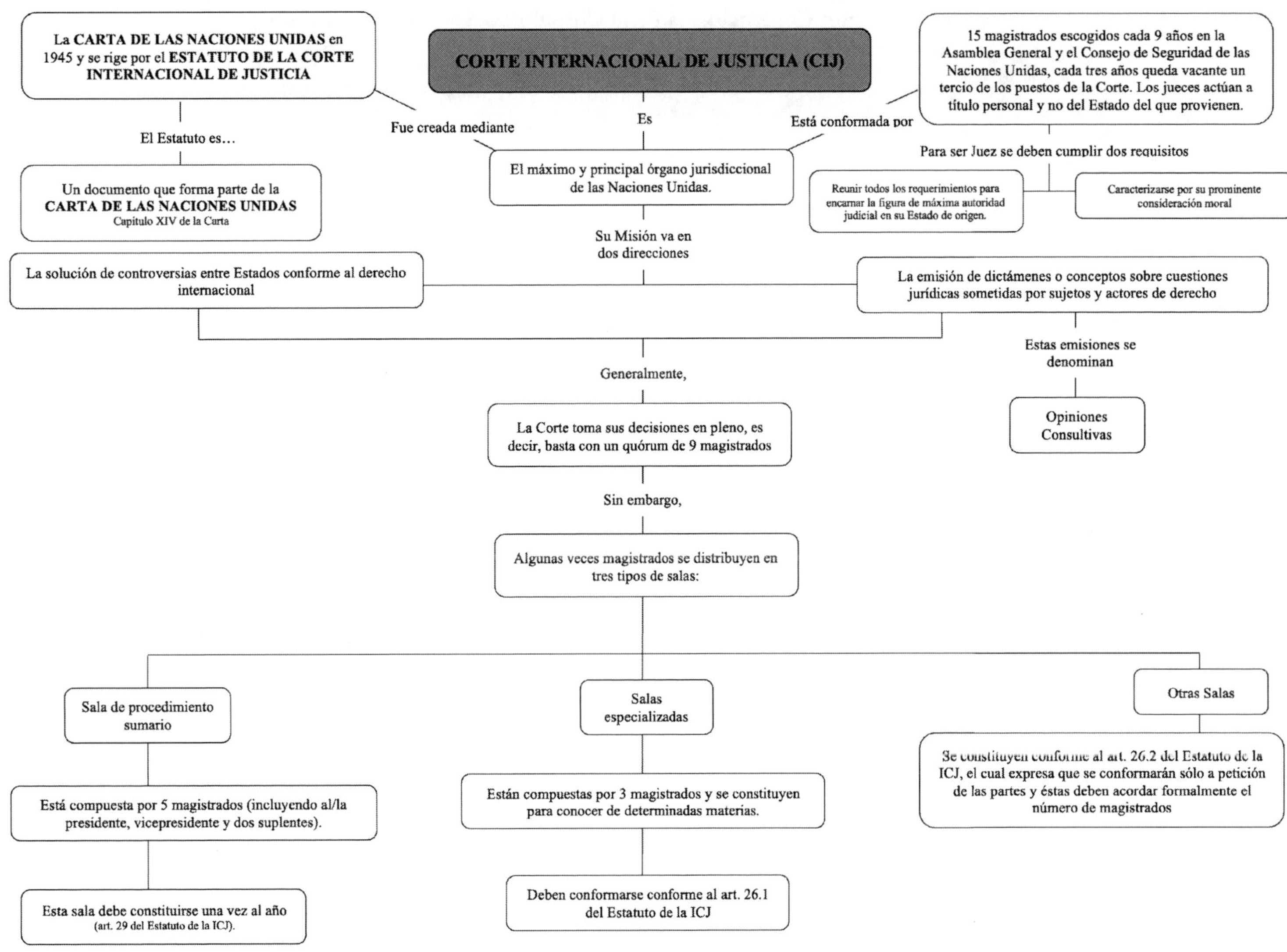

CORTE INTERNACIONAL DE JUSTICIA (CIJ)
La CARTA DE LAS NACIONES UNIDAS en 1945 y se rige por el ESTATUTO DE LA CORTE INTERNACIONAL DE JUSTICIA
Fue creada mediante
El Estatuto es…
Un documento que forma parte de la CARTA DE LAS NACIONES UNIDAS
Capítulo XIV de la Carta
Es
El máximo y principal órgano jurisdiccional de las Naciones Unidas.
Está conformada por
15 magistrados escogidos cada 9 años en la Asamblea General y el Consejo de Seguridad de las Naciones Unidas, cada tres años queda vacante un tercio de los puestos de la Corte. Los jueces actúan a título personal y no del Estado del que provienen.
Para ser Juez se deben cumplir dos requisitos
Reunir todos los requerimientos para encarnar la figura de máxima autoridad judicial en su Estado de origen.
Caracterizarse por su prominente consideración moral
Su Misión va en dos direcciones
La solución de controversias entre Estados conforme al derecho internacional
La emisión de dictámenes o conceptos sobre cuestiones jurídicas sometidas por sujetos y actores de derecho
Estas emisiones se denominan
Opiniones Consultivas
Generalmente,
La Corte toma sus decisiones en pleno, es decir, basta con un quórum de 9 magistrados
Sin embargo,
Algunas veces magistrados se distribuyen en tres tipos de salas:
Sala de procedimiento sumario
Está compuesta por 5 magistrados (incluyendo al/la presidente, vicepresidente y dos suplentes).
Esta sala debe constituirse una vez al año
(art. 29 del Estatuto de la ICJ).
Salas especializadas
Están compuestas por 3 magistrados y se constituyen para conocer de determinadas materias.
Deben conformarse conforme al art. 26.1 del Estatuto de la ICJ
Otras Salas
Se constituyen conforme al art. 26.2 del Estatuto de la ICJ, el cual expresa que se conformarán sólo a petición de las partes y éstas deben acordar formalmente el número de magistrados

4.1. Procedimiento Contencioso ante la Corte Internacional de Justicia

PROCEDIMIENTO CONTENCIOSO ANTE LA CORTE INTERNACIONAL DE JUSTICIA (CIJ)

El objetivo de la Corte Internacional de Justicia reside en darle solución a las diversas disputas que tengan los Estados y que se enmarquen en el Derecho Internacional Público.

Arts. 34, 38, 40 y 42 del Estatuto de la CIJ

Para que la Corte pueda considerar a un Estado como parte de la disputa, este debe tener *locus standi* con el objeto de presentarse ante la misma.

¿Qué es el *locus standi?*

Es comparable a la Jurisdicción *Ratione Personae,* y se refiere a la capacidad que tienen los Estados para comparecer ante la CIJ.

No obstante,

Los Estados, al ejercer su derecho a la **protección diplomática**, pueden representar los intereses privados de sus ciudadanos y, así, reclamárselos a otro Estado en nombre de ellos, por medio de la apertura de un proceso ante el tribunal.

A nivel temático, la CIJ no tiene límites en relación con la materia de las disputas que analiza.

Esto se debe a que,

«todos los litigios» que sean enviados a la Corte mediante un acuerdo o que se encuentren estipulados en la Carta de Naciones Unidas o en otros tratados, son objeto de su jurisdicción.

Arts. 36 (1) y 36 (3) del Estatuto de la CIJ

4.1.1. Decisiones de la CIJ en sede contenciosa.

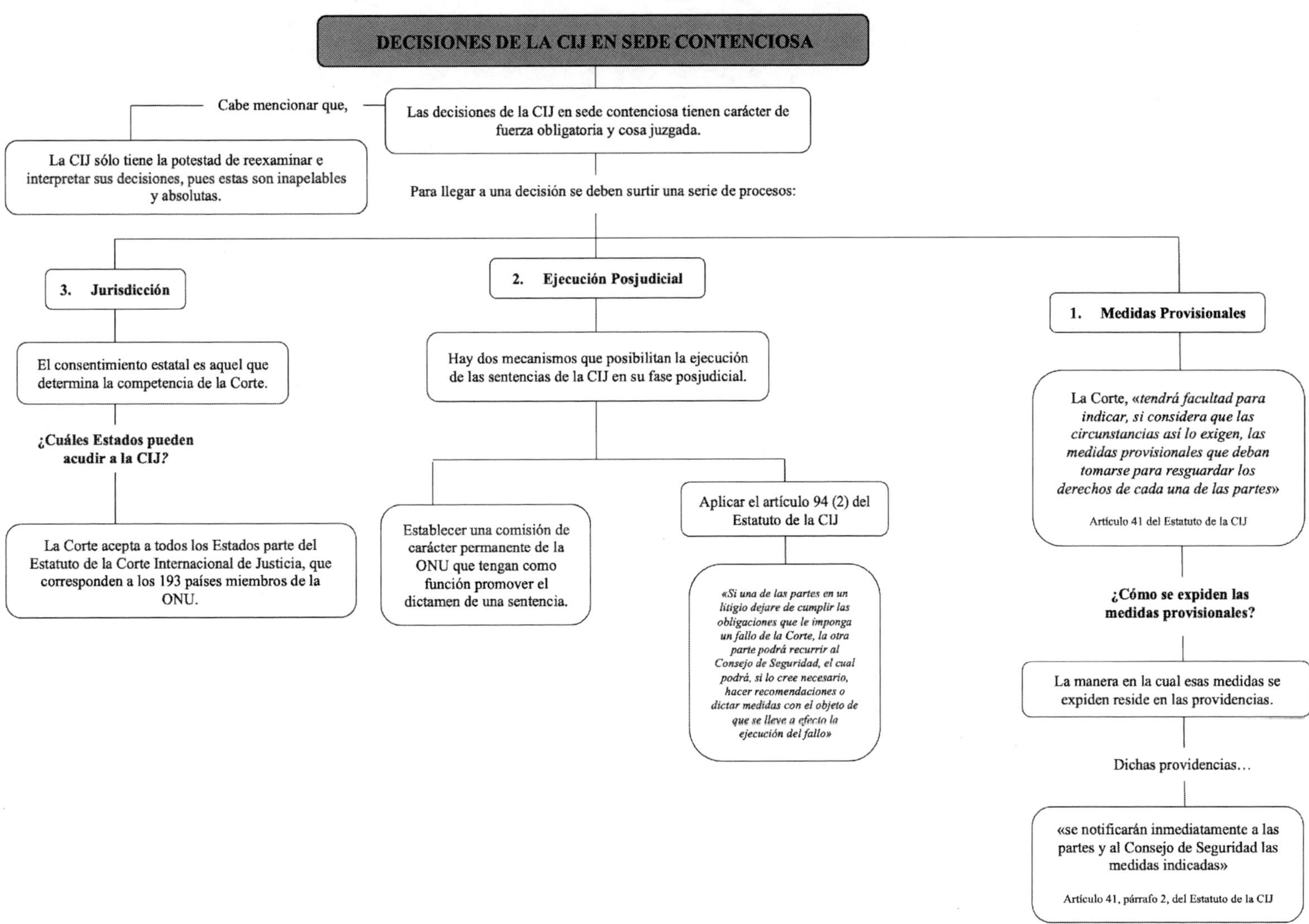
DECISIONES DE LA CIJ EN SEDE CONTENCIOSA
Las decisiones de la CIJ en sede contenciosa tienen carácter de fuerza obligatoria y cosa juzgada.
Cabe mencionar que,
La CIJ sólo tiene la potestad de reexaminar e interpretar sus decisiones, pues estas son inapelables y absolutas.
Para llegar a una decisión se deben surtir una serie de procesos:
3. Jurisdicción
El consentimiento estatal es aquel que determina la competencia de la Corte.
¿Cuáles Estados pueden acudir a la CIJ?
La Corte acepta a todos los Estados parte del Estatuto de la Corte Internacional de Justicia, que corresponden a los 193 países miembros de la ONU.
2. Ejecución Posjudicial
Hay dos mecanismos que posibilitan la ejecución de las sentencias de la CIJ en su fase posjudicial.
Establecer una comisión de carácter permanente de la ONU que tengan como función promover el dictamen de una sentencia.
Aplicar el artículo 94 (2) del Estatuto de la CIJ
«Si una de las partes en un litigio dejare de cumplir las obligaciones que le imponga un fallo de la Corte, la otra parte podrá recurrir al Consejo de Seguridad, el cual podrá, si lo cree necesario, hacer recomendaciones o dictar medidas con el objeto de que se lleve a efecto la ejecución del fallo»
1. Medidas Provisionales
La Corte, «tendrá facultad para indicar, si considera que las circunstancias así lo exigen, las medidas provisionales que deban tomarse para resguardar los derechos de cada una de las partes»
Artículo 41 del Estatuto de la CIJ
¿Cómo se expiden las medidas provisionales?
La manera en la cual esas medidas se expiden reside en las providencias.
Dichas providencias…
«se notificarán inmediatamente a las partes y al Consejo de Seguridad las medidas indicadas»
Artículo 41, párrafo 2, del Estatuto de la CIJ

4.2. Procedimiento Consultivo ante la Corte Internacional de Justicia

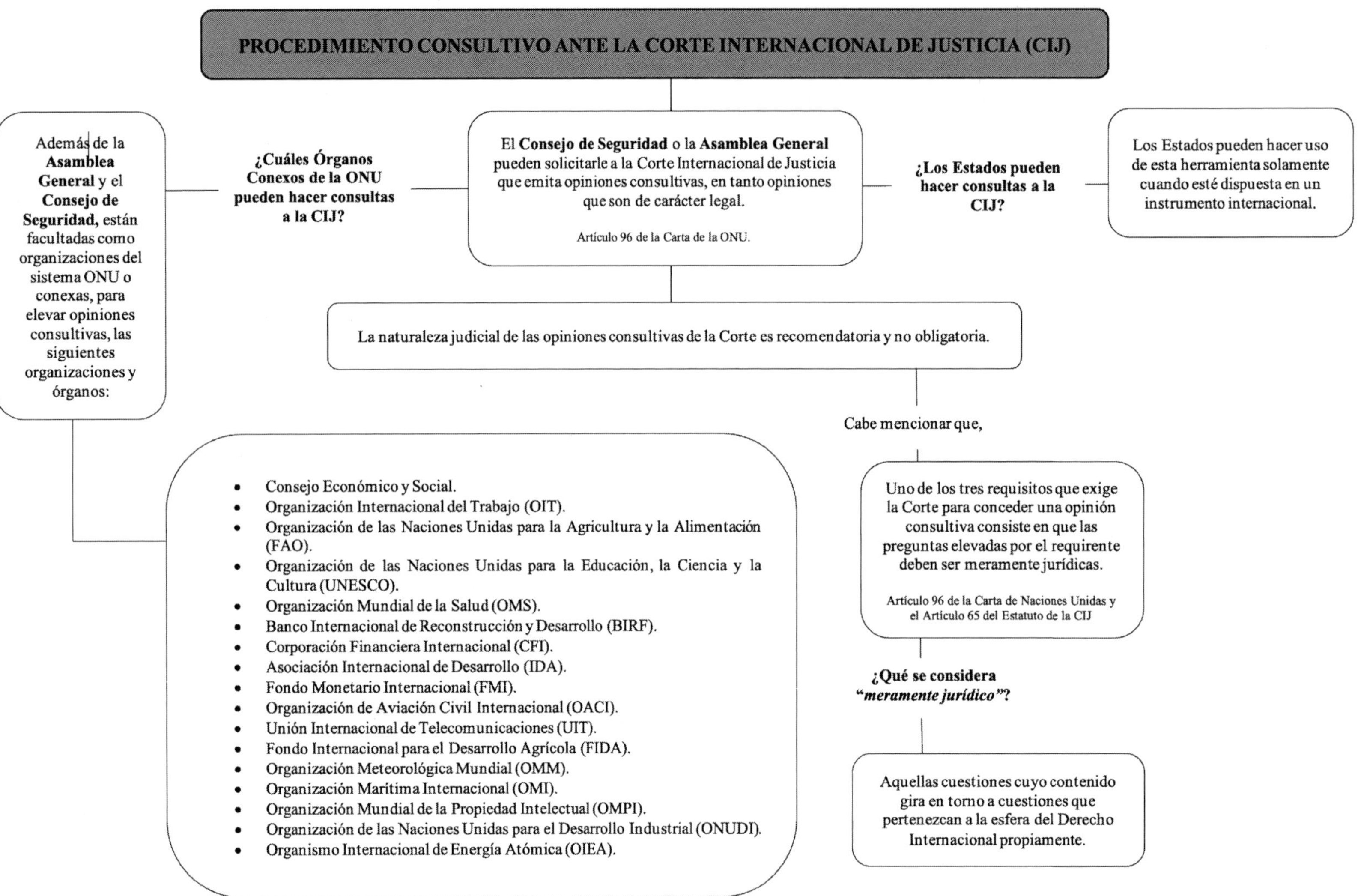
PROCEDIMIENTO CONSULTIVO ANTE LA CORTE INTERNACIONAL DE JUSTICIA (CIJ)
Además de la **Asamblea General** y el **Consejo de Seguridad,** están facultadas como organizaciones del sistema ONU o conexas, para elevar opiniones consultivas, las siguientes organizaciones y órganos:
¿Cuáles Órganos Conexos de la ONU pueden hacer consultas a la CIJ?
El **Consejo de Seguridad** o la **Asamblea General** pueden solicitarle a la Corte Internacional de Justicia que emita opiniones consultivas, en tanto opiniones que son de carácter legal.
Artículo 96 de la Carta de la ONU.
¿Los Estados pueden hacer consultas a la CIJ?
Los Estados pueden hacer uso de esta herramienta solamente cuando esté dispuesta en un instrumento internacional.
La naturaleza judicial de las opiniones consultivas de la Corte es recomendatoria y no obligatoria.
Cabe mencionar que,
Uno de los tres requisitos que exige la Corte para conceder una opinión consultiva consiste en que las preguntas elevadas por el requirente deben ser meramente jurídicas.
Artículo 96 de la Carta de Naciones Unidas y el Artículo 65 del Estatuto de la CIJ
¿Qué se considera "*meramente jurídico*"?
Aquellas cuestiones cuyo contenido gira en torno a cuestiones que pertenezcan a la esfera del Derecho Internacional propiamente.
• Consejo Económico y Social.
• Organización Internacional del Trabajo (OIT).
• Organización de las Naciones Unidas para la Agricultura y la Alimentación (FAO).
• Organización de las Naciones Unidas para la Educación, la Ciencia y la Cultura (UNESCO).
• Organización Mundial de la Salud (OMS).
• Banco Internacional de Reconstrucción y Desarrollo (BIRF).
• Corporación Financiera Internacional (CFI).
• Asociación Internacional de Desarrollo (IDA).
• Fondo Monetario Internacional (FMI).
• Organización de Aviación Civil Internacional (OACI).
• Unión Internacional de Telecomunicaciones (UIT).
• Fondo Internacional para el Desarrollo Agrícola (FIDA).
• Organización Meteorológica Mundial (OMM).
• Organización Marítima Internacional (OMI).
• Organización Mundial de la Propiedad Intelectual (OMPI).
• Organización de las Naciones Unidas para el Desarrollo Industrial (ONUDI).
• Organismo Internacional de Energía Atómica (OIEA).

Capítulo 5

PRINCIPALES ÓRGANOS DE NACIONES UNIDAS

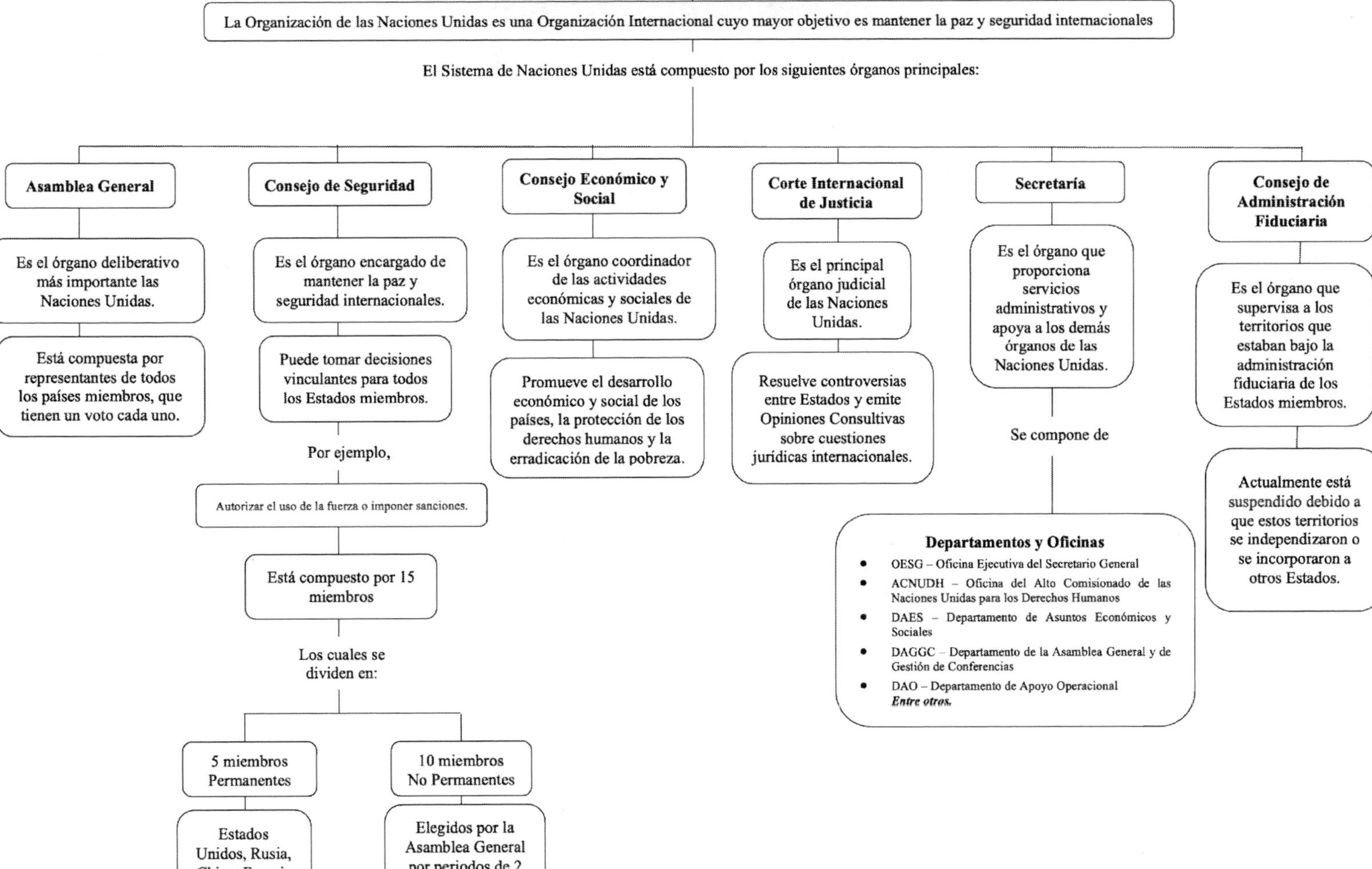
ÓRGANOS PRINCIPALES DEL SISTEMA DE NACIONES UNIDAS
La Organización de las Naciones Unidas es una Organización Internacional cuyo mayor objetivo es mantener la paz y seguridad internacionales
El Sistema de Naciones Unidas está compuesto por los siguientes órganos principales:
Asamblea General
Es el órgano deliberativo más importante las Naciones Unidas.
Está compuesta por representantes de todos los países miembros, que tienen un voto cada uno.
Consejo de Seguridad
Es el órgano encargado de mantener la paz y seguridad internacionales.
Puede tomar decisiones vinculantes para todos los Estados miembros.
Por ejemplo,
Autorizar el uso de la fuerza o imponer sanciones.
Está compuesto por 15 miembros
Los cuales se dividen en:
5 miembros Permanentes
Estados Unidos, Rusia, China, Francia y Reino Unido
10 miembros No Permanentes
Elegidos por la Asamblea General por periodos de 2 años
Consejo Económico y Social
Es el órgano coordinador de las actividades económicas y sociales de las Naciones Unidas.
Promueve el desarrollo económico y social de los países, la protección de los derechos humanos y la erradicación de la pobreza.
Corte Internacional de Justicia
Es el principal órgano judicial de las Naciones Unidas.
Resuelve controversias entre Estados y emite Opiniones Consultivas sobre cuestiones jurídicas internacionales.
Secretaría
Es el órgano que proporciona servicios administrativos y apoya a los demás órganos de las Naciones Unidas.
Se compone de
Departamentos y Oficinas
OESG – Oficina Ejecutiva del Secretario General
ACNUDH – Oficina del Alto Comisionado de las Naciones Unidas para los Derechos Humanos
DAES – Departamento de Asuntos Económicos y Sociales
DAGGC – Departamento de la Asamblea General y de Gestión de Conferencias
DAO – Departamento de Apoyo Operacional
Entre otros.
Consejo de Administración Fiduciaria
Es el órgano que supervisa a los territorios que estaban bajo la administración fiduciaria de los Estados miembros.
Actualmente está suspendido debido a que estos territorios se independizaron o se incorporaron a otros Estados.

5.1. Asamblea General

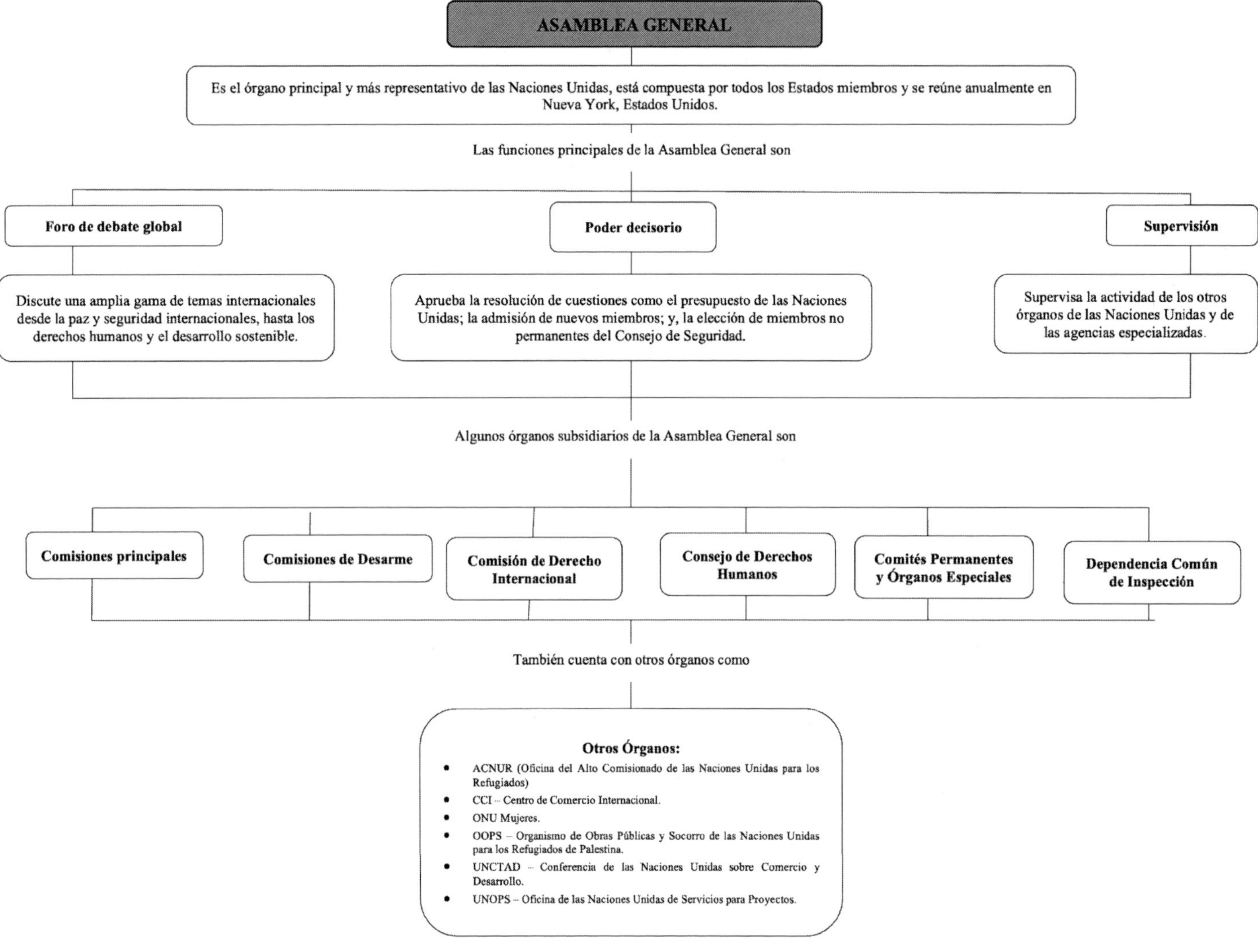
ASAMBLEA GENERAL
Es el órgano principal y más representativo de las Naciones Unidas, está compuesta por todos los Estados miembros y se reúne anualmente en Nueva York, Estados Unidos.
Las funciones principales de la Asamblea General son
Foro de debate global
Discute una amplia gama de temas internacionales desde la paz y seguridad internacionales, hasta los derechos humanos y el desarrollo sostenible.
Poder decisorio
Aprueba la resolución de cuestiones como el presupuesto de las Naciones Unidas; la admisión de nuevos miembros; y, la elección de miembros no permanentes del Consejo de Seguridad.
Supervisión
Supervisa la actividad de los otros órganos de las Naciones Unidas y de las agencias especializadas.
Algunos órganos subsidiarios de la Asamblea General son
Comisiones principales
Comisiones de Desarme
Comisión de Derecho Internacional
Consejo de Derechos Humanos
Comités Permanentes y Órganos Especiales
Dependencia Común de Inspección
También cuenta con otros órganos como
Otros Órganos:
ACNUR (Oficina del Alto Comisionado de las Naciones Unidas para los Refugiados)
CCI – Centro de Comercio Internacional.
ONU Mujeres.
OOPS – Organismo de Obras Públicas y Socorro de las Naciones Unidas para los Refugiados de Palestina.
UNCTAD – Conferencia de las Naciones Unidas sobre Comercio y Desarrollo.
UNOPS – Oficina de las Naciones Unidas de Servicios para Proyectos.

5.2. Consejo de Seguridad

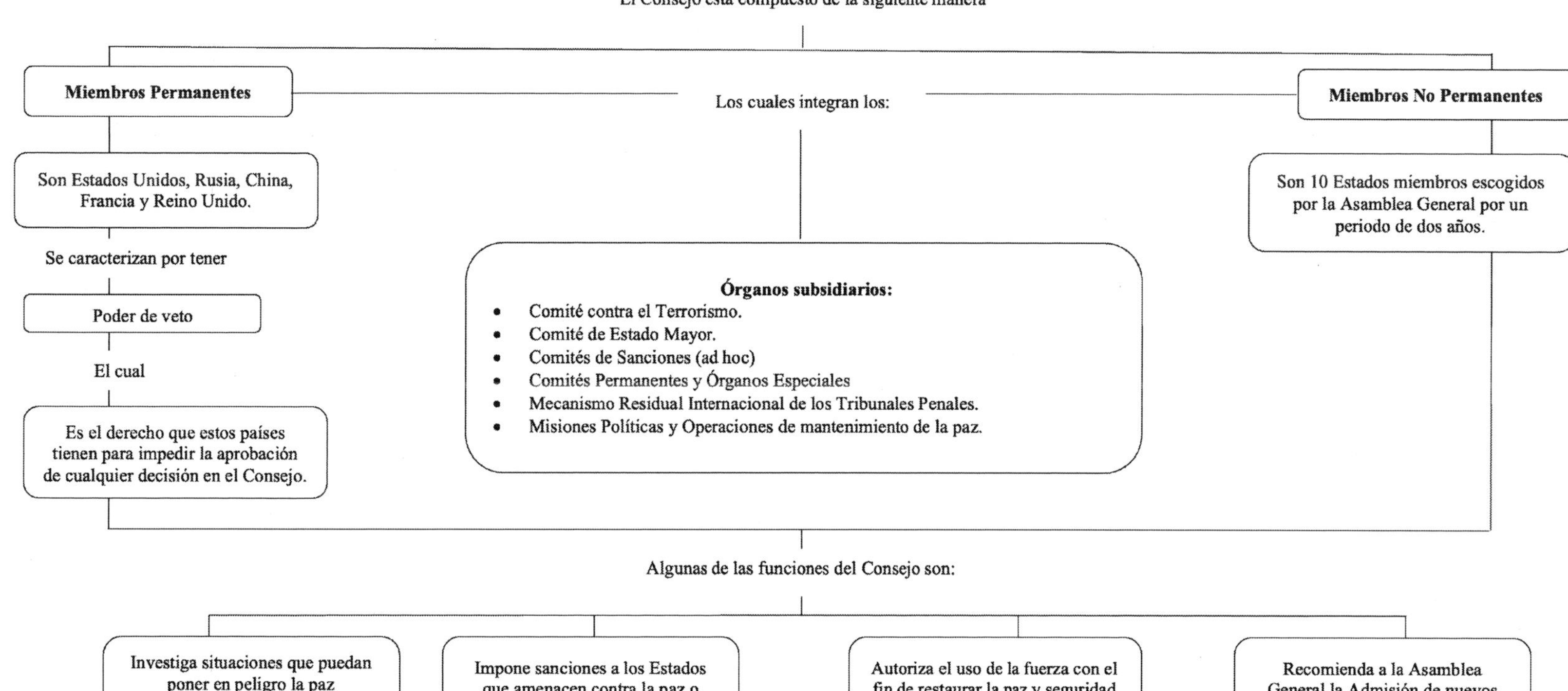
CONSEJO DE SEGURIDAD
Es el órgano con mayor poder en las Naciones Unidas y tiene la responsabilidad de mantener la paz y seguridad internacionales. Por tal motivo, es el único órgano que puede tomar decisiones vinculantes para todos los Estados miembros.
El Consejo está compuesto de la siguiente manera
Miembros Permanentes
Los cuales integran los:
Miembros No Permanentes
Son Estados Unidos, Rusia, China, Francia y Reino Unido.
Son 10 Estados miembros escogidos por la Asamblea General por un periodo de dos años.
Se caracterizan por tener
Poder de veto
El cual
Es el derecho que estos países tienen para impedir la aprobación de cualquier decisión en el Consejo.
Órganos subsidiarios:
• Comité contra el Terrorismo.
• Comité de Estado Mayor.
• Comités de Sanciones (ad hoc)
• Comités Permanentes y Órganos Especiales
• Mecanismo Residual Internacional de los Tribunales Penales.
• Misiones Políticas y Operaciones de mantenimiento de la paz.
Algunas de las funciones del Consejo son:
Investiga situaciones que puedan poner en peligro la paz internacional y recomienda medidas para su resolución
Impone sanciones a los Estados que amenacen contra la paz o seguridad internacionales
Autoriza el uso de la fuerza con el fin de restaurar la paz y seguridad internacionales
Recomienda a la Asamblea General la Admisión de nuevos miembros a las Naciones Unidas

5.3. Consejo Económico y Social

CONSEJO ECONÓMICO Y SOCIAL

Su objetivo es promover la materialización del desarrollo sostenible, este concepto está estructurado en tres dimensiones: económica, social y ambiental.

El Consejo está compuesto de la siguiente manera

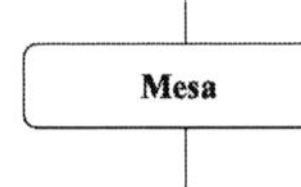

Se elige anualmente sus funciones consisten en proponer y elaborar el programa, y organizar el periodo de sesiones con el apoyo de la Secretaría de las Naciones Unidas.

Para lograr este objetivo se divide en:

Comisiones Orgánicas

- Ciencia y Tecnología para el Desarrollo
- Condición Jurídica y Social de la Mujer
- Desarrollo Social
- Estadística
- Estupefacientes
- Foro de las Naciones Unidas sobre los Bosques
- Población y Desarrollo
- Prevención del Delito y Justicia Penal

Comisiones Regionales

- CEE – Comisión Económica para Europa
- CEPA – Comisión Económica para África
- CEPAL – Comisión Económica para América Latina y el Caribe
- CESPAO – Comisión Económica y Social para Asia Occidental
- CESPAP - Comisión Económica y Social para Asia y el Pacífico.

Organismos Especializados

- FAO
- FIDA
- FMI
- GRUPO DEL BANCO MUNDIAL
- OACI
- OIT
- OMI
- OMM
- OMPI
- OMS
- OMT
- ONUDI
- UIT
- UNESCO
- UPU

Capítulo 6

TRIBUNAL DEL MAR

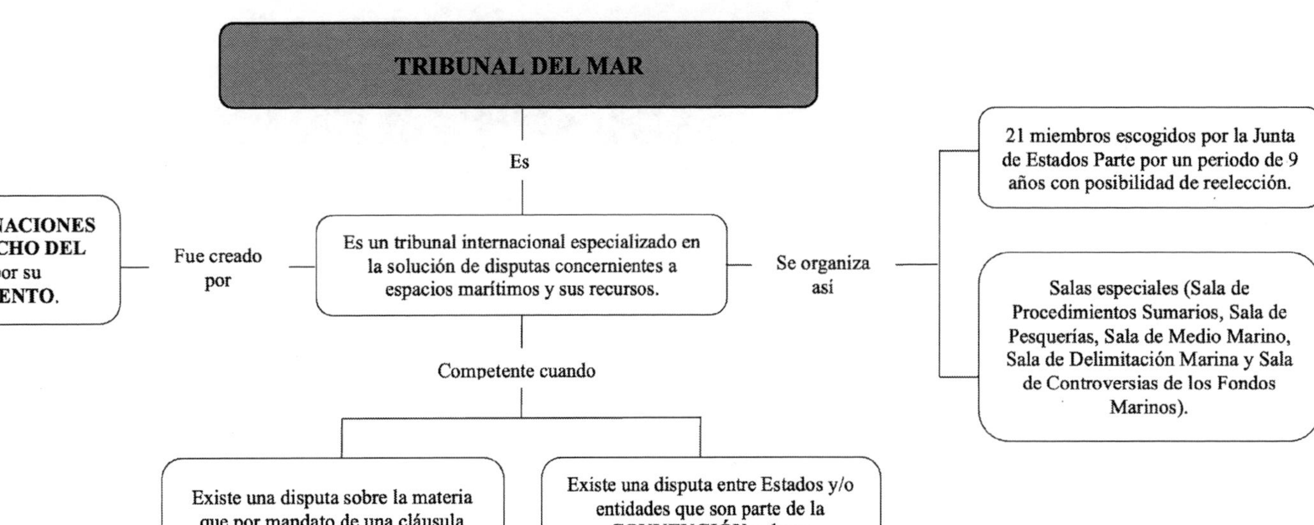
TRIBUNAL DEL MAR
Es
Es un tribunal internacional especializado en la solución de disputas concernientes a espacios marítimos y sus recursos.
Fue creado por
La CONVENCIÓN DE LAS NACIONES UNIDAS SOBRE EL DERECHO DEL MAR en 1982 y se rige por su ESTATUTO y REGLAMENTO.
Se organiza así
21 miembros escogidos por la Junta de Estados Parte por un periodo de 9 años con posibilidad de reelección.
Salas especiales (Sala de Procedimientos Sumarios, Sala de Pesquerías, Sala de Medio Marino, Sala de Delimitación Marina y Sala de Controversias de los Fondos Marinos).
Competente cuando
Existe una disputa sobre la materia que por mandato de una cláusula internacional le corresponden a este.
Existe una disputa entre Estados y/o entidades que son parte de la CONVENCIÓN o de un instrumento regional concordante.

6.1. Funciones del Tribunal del Mar

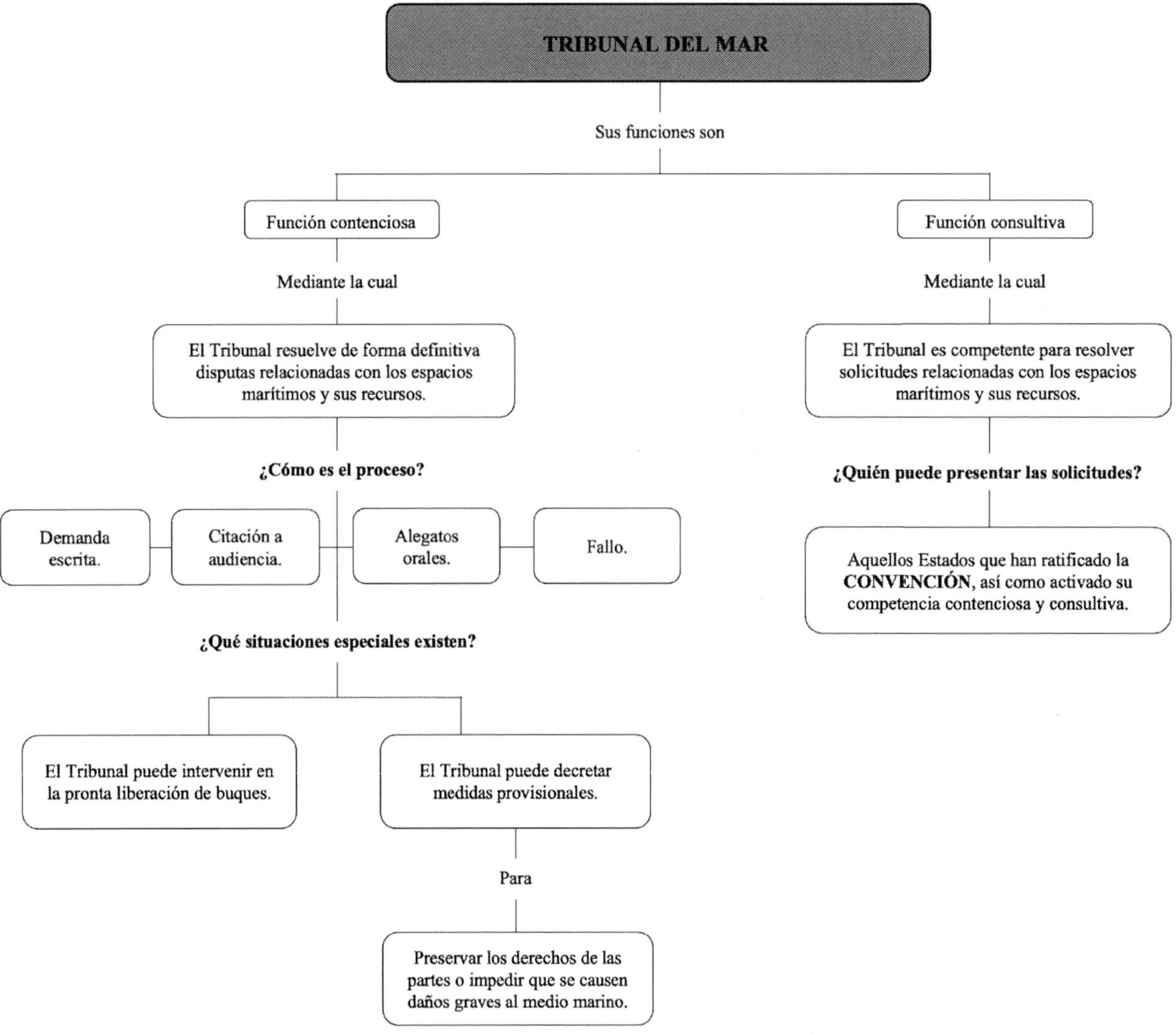
TRIBUNAL DEL MAR
Sus funciones son
Función contenciosa
Mediante la cual
El Tribunal resuelve de forma definitiva disputas relacionadas con los espacios marítimos y sus recursos.
¿Cómo es el proceso?
Demanda escrita.
Citación a audiencia.
Alegatos orales.
Fallo.
¿Qué situaciones especiales existen?
El Tribunal puede intervenir en la pronta liberación de buques.
El Tribunal puede decretar medidas provisionales.
Para
Preservar los derechos de las partes o impedir que se causen daños graves al medio marino.
Función consultiva
Mediante la cual
El Tribunal es competente para resolver solicitudes relacionadas con los espacios marítimos y sus recursos.
¿Quién puede presentar las solicitudes?
Aquellos Estados que han ratificado la CONVENCIÓN, así como activado su competencia contenciosa y consultiva.

Capítulo 7

ORGANIZACIÓN MUNDIAL DEL COMERCIO

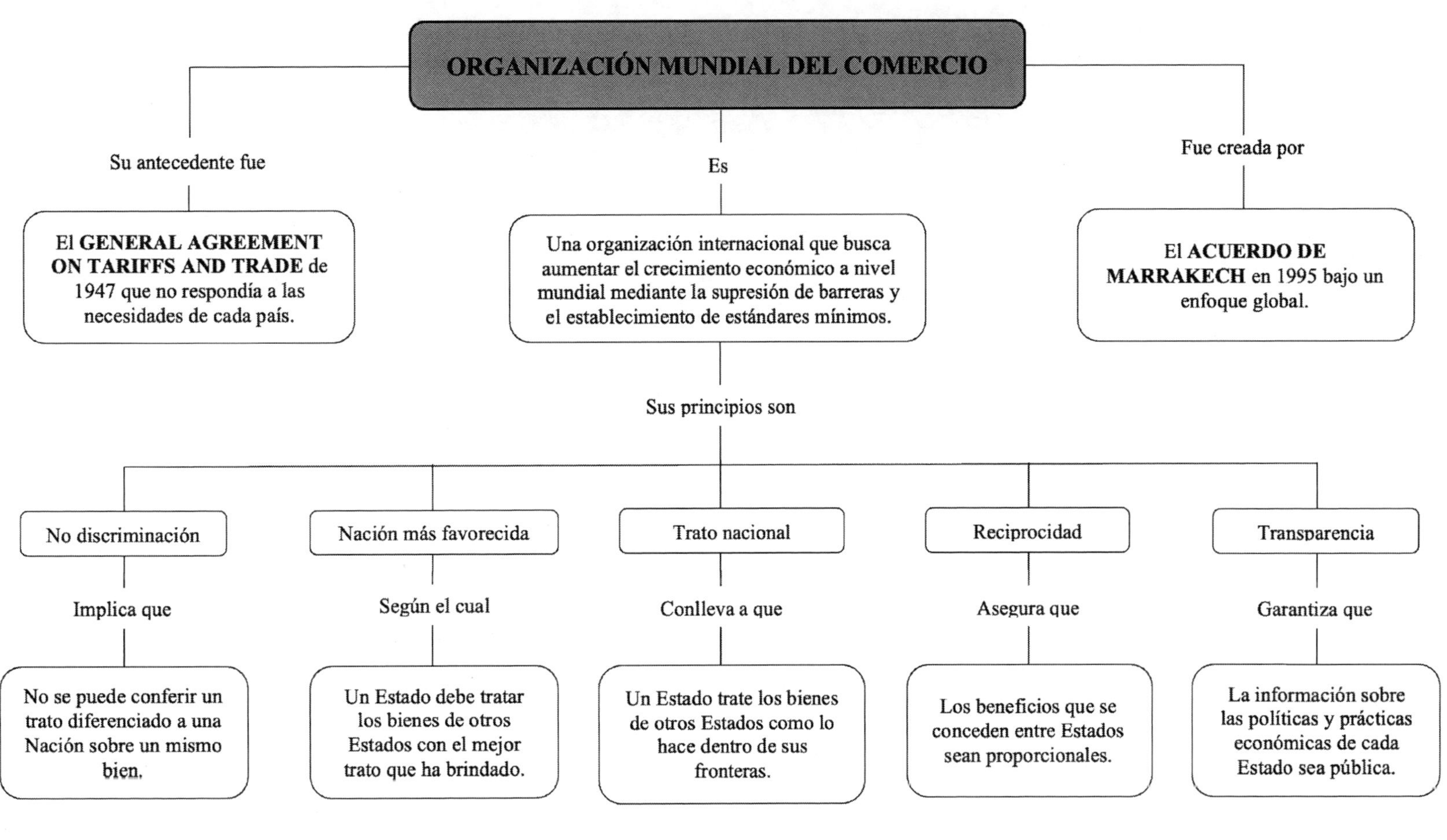
ORGANIZACIÓN MUNDIAL DEL COMERCIO
Su antecedente fue
El GENERAL AGREEMENT ON TARIFFS AND TRADE de 1947 que no respondía a las necesidades de cada país.
Es
Una organización internacional que busca aumentar el crecimiento económico a nivel mundial mediante la supresión de barreras y el establecimiento de estándares mínimos.
Fue creada por
El ACUERDO DE MARRAKECH en 1995 bajo un enfoque global.
Sus principios son
No discriminación
Implica que
No se puede conferir un trato diferenciado a una Nación sobre un mismo bien.
Nación más favorecida
Según el cual
Un Estado debe tratar los bienes de otros Estados con el mejor trato que ha brindado.
Trato nacional
Conlleva a que
Un Estado trate los bienes de otros Estados como lo hace dentro de sus fronteras.
Reciprocidad
Asegura que
Los beneficios que se conceden entre Estados sean proporcionales.
Transparencia
Garantiza que
La información sobre las políticas y prácticas económicas de cada Estado sea pública.

7.1. Sistema de Solución de Diferencias de la Organización Mundial del Comercio

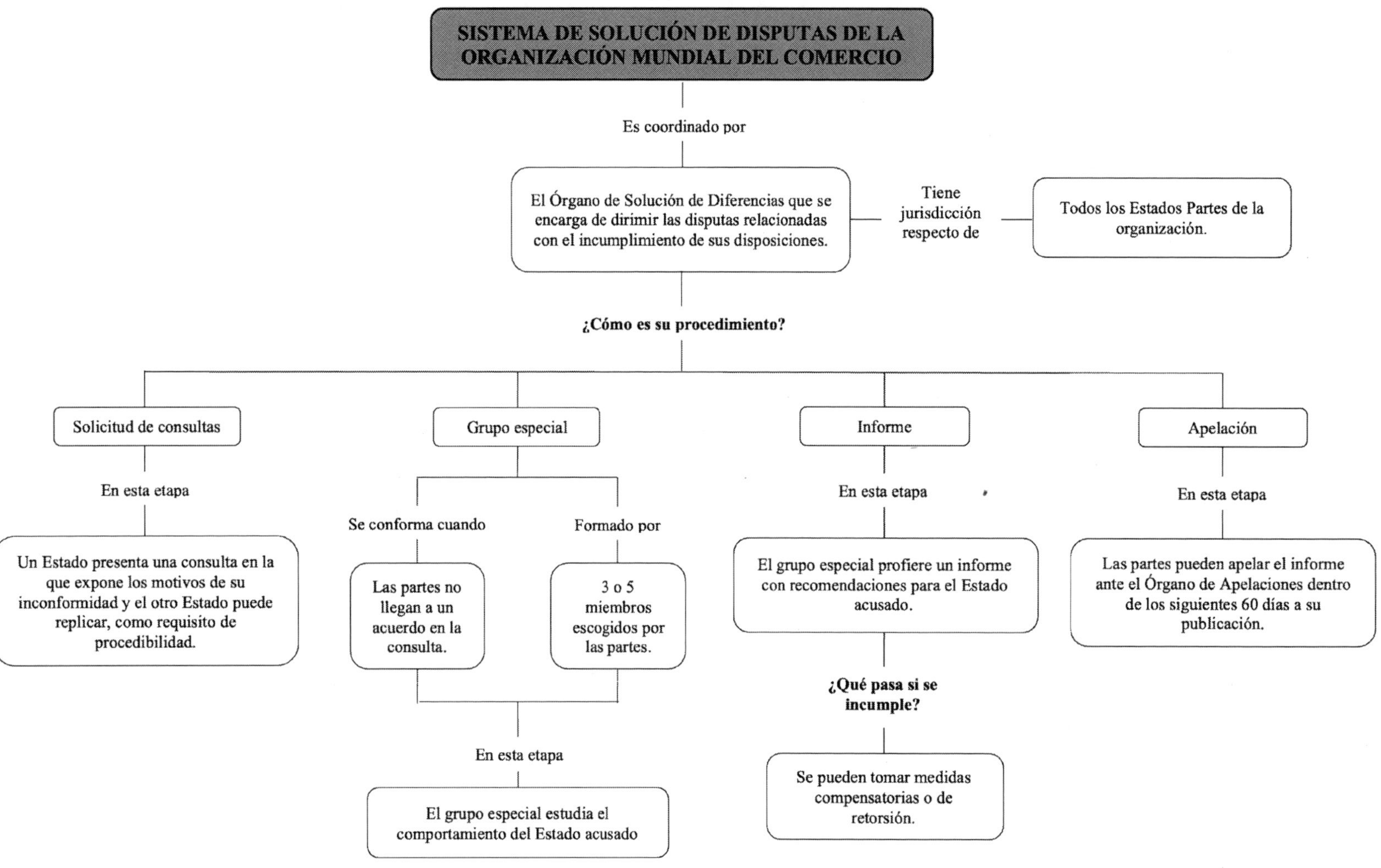
SISTEMA DE SOLUCIÓN DE DISPUTAS DE LA ORGANIZACIÓN MUNDIAL DEL COMERCIO
Es coordinado por
El Órgano de Solución de Diferencias que se encarga de dirimir las disputas relacionadas con el incumplimiento de sus disposiciones.
Tiene jurisdicción respecto de
Todos los Estados Partes de la organización.
¿Cómo es su procedimiento?
Solicitud de consultas
En esta etapa
Un Estado presenta una consulta en la que expone los motivos de su inconformidad y el otro Estado puede replicar, como requisito de procedibilidad.
Grupo especial
Se conforma cuando
Las partes no llegan a un acuerdo en la consulta.
Formado por
3 o 5 miembros escogidos por las partes.
En esta etapa
El grupo especial estudia el comportamiento del Estado acusado
Informe
En esta etapa
El grupo especial profiere un informe con recomendaciones para el Estado acusado.
¿Qué pasa si se incumple?
Se pueden tomar medidas compensatorias o de retorsión.
Apelación
En esta etapa
Las partes pueden apelar el informe ante el Órgano de Apelaciones dentro de los siguientes 60 días a su publicación.

7.2. Procedimiento especial de tercerías del Sistema de Solución de Diferencias de la Organización Mundial del Comercio

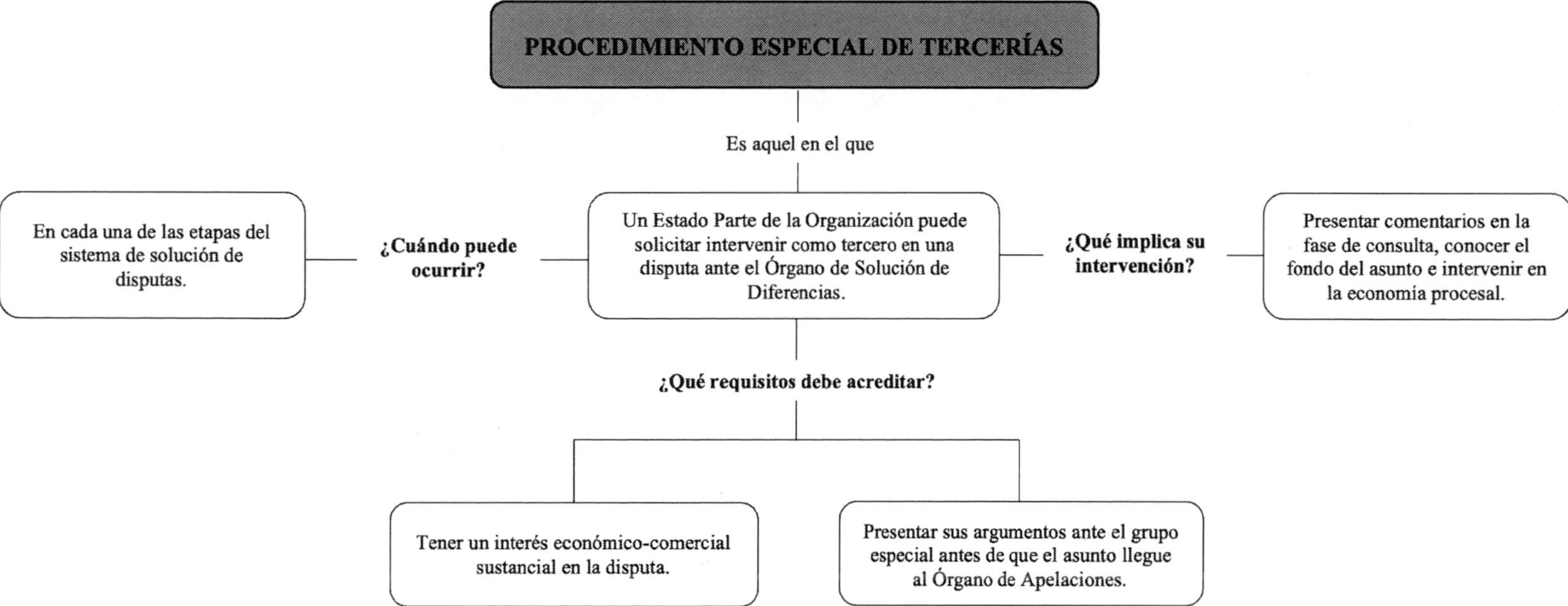
PROCEDIMIENTO ESPECIAL DE TERCERÍAS
Es aquel en el que
Un Estado Parte de la Organización puede solicitar intervenir como tercero en una disputa ante el Órgano de Solución de Diferencias.
¿Cuándo puede ocurrir?
En cada una de las etapas del sistema de solución de disputas.
¿Qué implica su intervención?
Presentar comentarios en la fase de consulta, conocer el fondo del asunto e intervenir en la economía procesal.
¿Qué requisitos debe acreditar?
Tener un interés económico-comercial sustancial en la disputa.
Presentar sus argumentos ante el grupo especial antes de que el asunto llegue al Órgano de Apelaciones.

Capítulo 8
CIADI

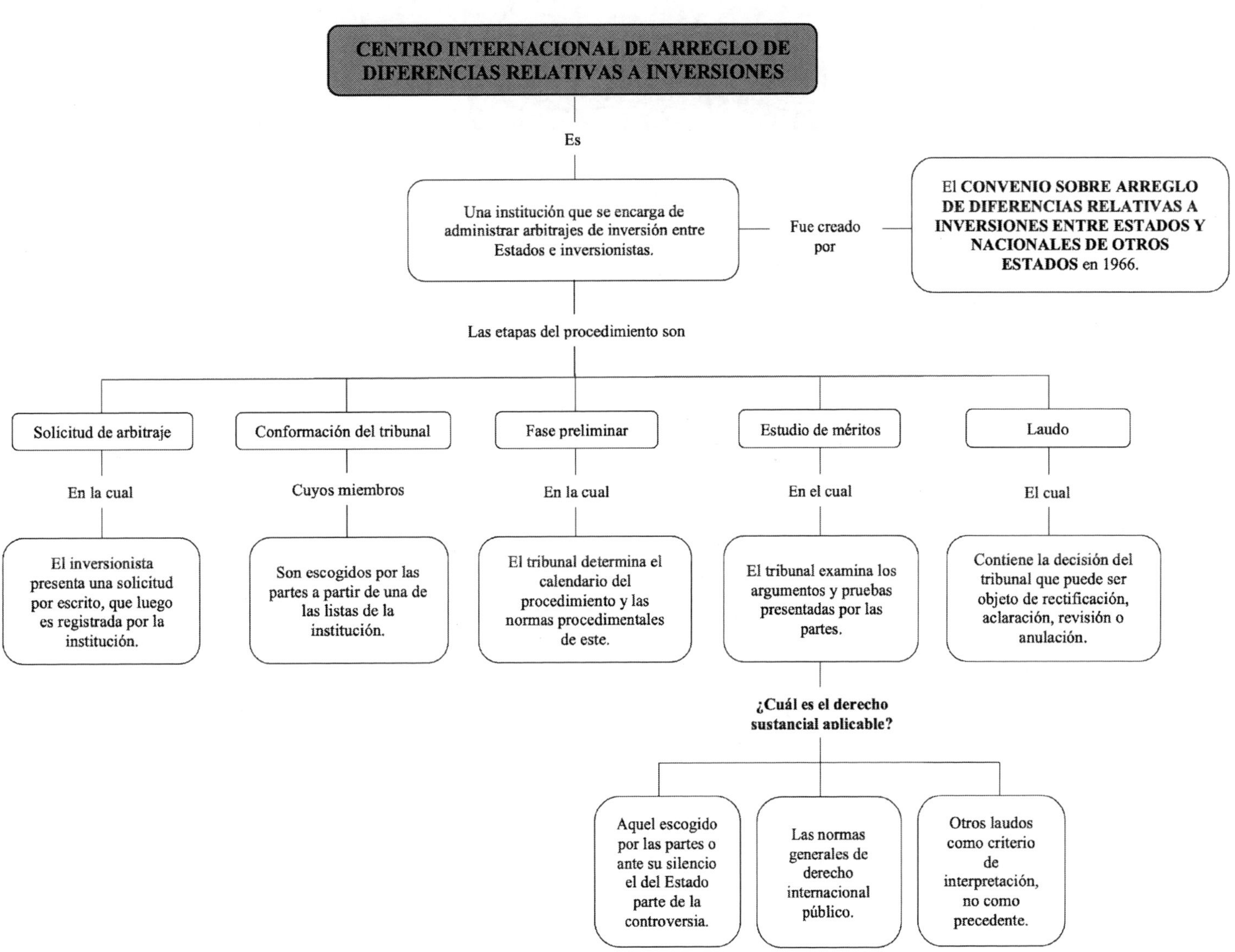
CENTRO INTERNACIONAL DE ARREGLO DE DIFERENCIAS RELATIVAS A INVERSIONES
Es
Una institución que se encarga de administrar arbitrajes de inversión entre Estados e inversionistas.
Fue creado por
El CONVENIO SOBRE ARREGLO DE DIFERENCIAS RELATIVAS A INVERSIONES ENTRE ESTADOS Y NACIONALES DE OTROS ESTADOS en 1966.
Las etapas del procedimiento son
Solicitud de arbitraje
En la cual
El inversionista presenta una solicitud por escrito, que luego es registrada por la institución.
Conformación del tribunal
Cuyos miembros
Son escogidos por las partes a partir de una de las listas de la institución.
Fase preliminar
En la cual
El tribunal determina el calendario del procedimiento y las normas procedimentales de este.
Estudio de méritos
En el cual
El tribunal examina los argumentos y pruebas presentadas por las partes.
¿Cuál es el derecho sustancial aplicable?
Aquel escogido por las partes o ante su silencio el del Estado parte de la controversia.
Las normas generales de derecho internacional público.
Otros laudos como criterio de interpretación, no como precedente.
Laudo
El cual
Contiene la decisión del tribunal que puede ser objeto de rectificación, aclaración, revisión o anulación.

8.1. Jurisdicción del Centro Internacional de Arreglo de Diferencias relativas a Inversiones

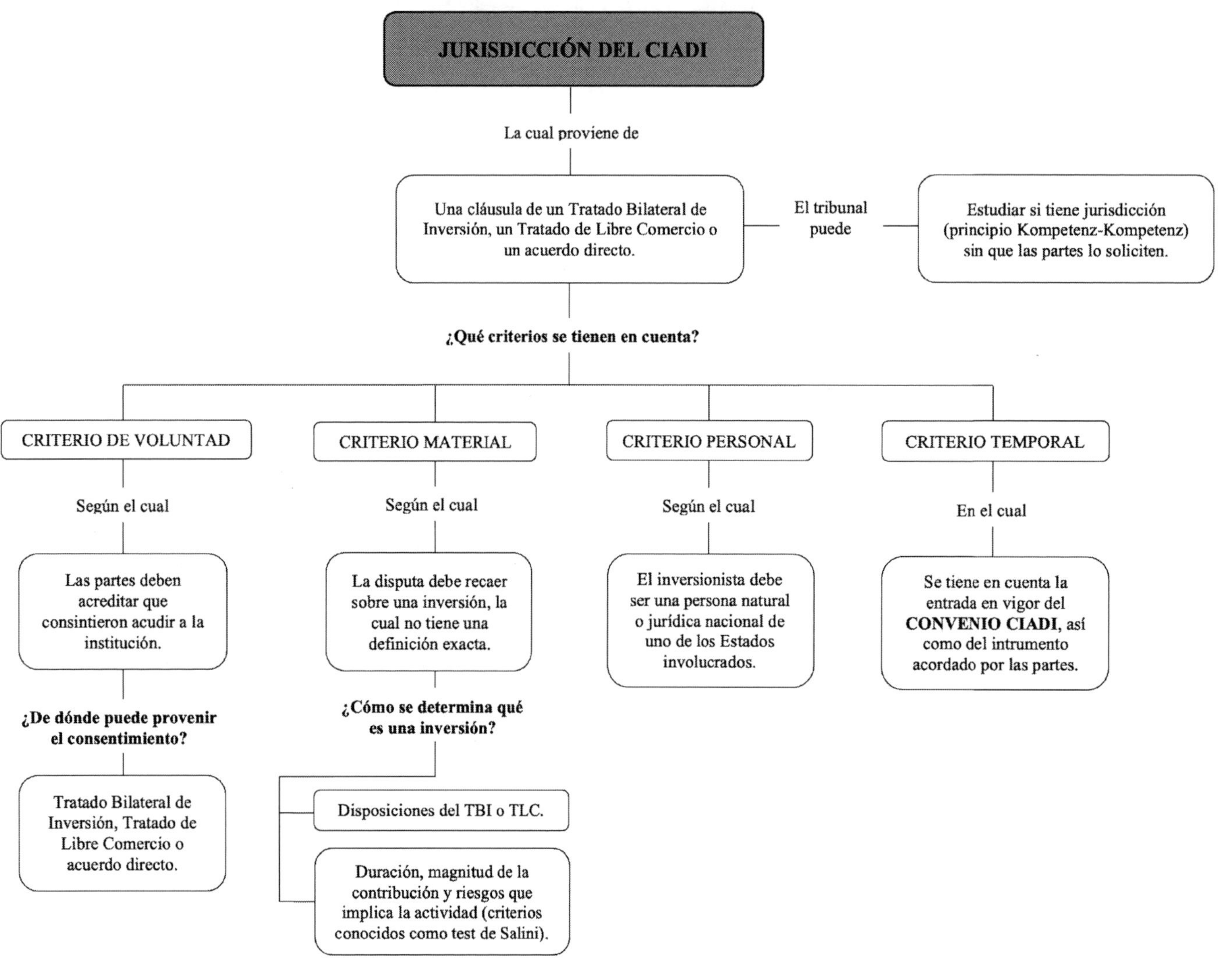
JURISDICCIÓN DEL CIADI
La cual proviene de
Una cláusula de un Tratado Bilateral de Inversión, un Tratado de Libre Comercio o un acuerdo directo.
El tribunal puede
Estudiar si tiene jurisdicción (principio Kompetenz-Kompetenz) sin que las partes lo soliciten.
¿Qué criterios se tienen en cuenta?
CRITERIO DE VOLUNTAD
Según el cual
Las partes deben acreditar que consintieron acudir a la institución.
¿De dónde puede provenir el consentimiento?
Tratado Bilateral de Inversión, Tratado de Libre Comercio o acuerdo directo.
CRITERIO MATERIAL
Según el cual
La disputa debe recaer sobre una inversión, la cual no tiene una definición exacta.
¿Cómo se determina qué es una inversión?
Disposiciones del TBI o TLC.
Duración, magnitud de la contribución y riesgos que implica la actividad (criterios conocidos como test de Salini).
CRITERIO PERSONAL
Según el cual
El inversionista debe ser una persona natural o jurídica nacional de uno de los Estados involucrados.
CRITERIO TEMPORAL
En el cual
Se tiene en cuenta la entrada en vigor del CONVENIO CIADI, así como del intrumento acordado por las partes.

Capítulo 9

SISTEMA UNIVERSAL DE PROTECCIÓN DE DERECHOS HUMANOS

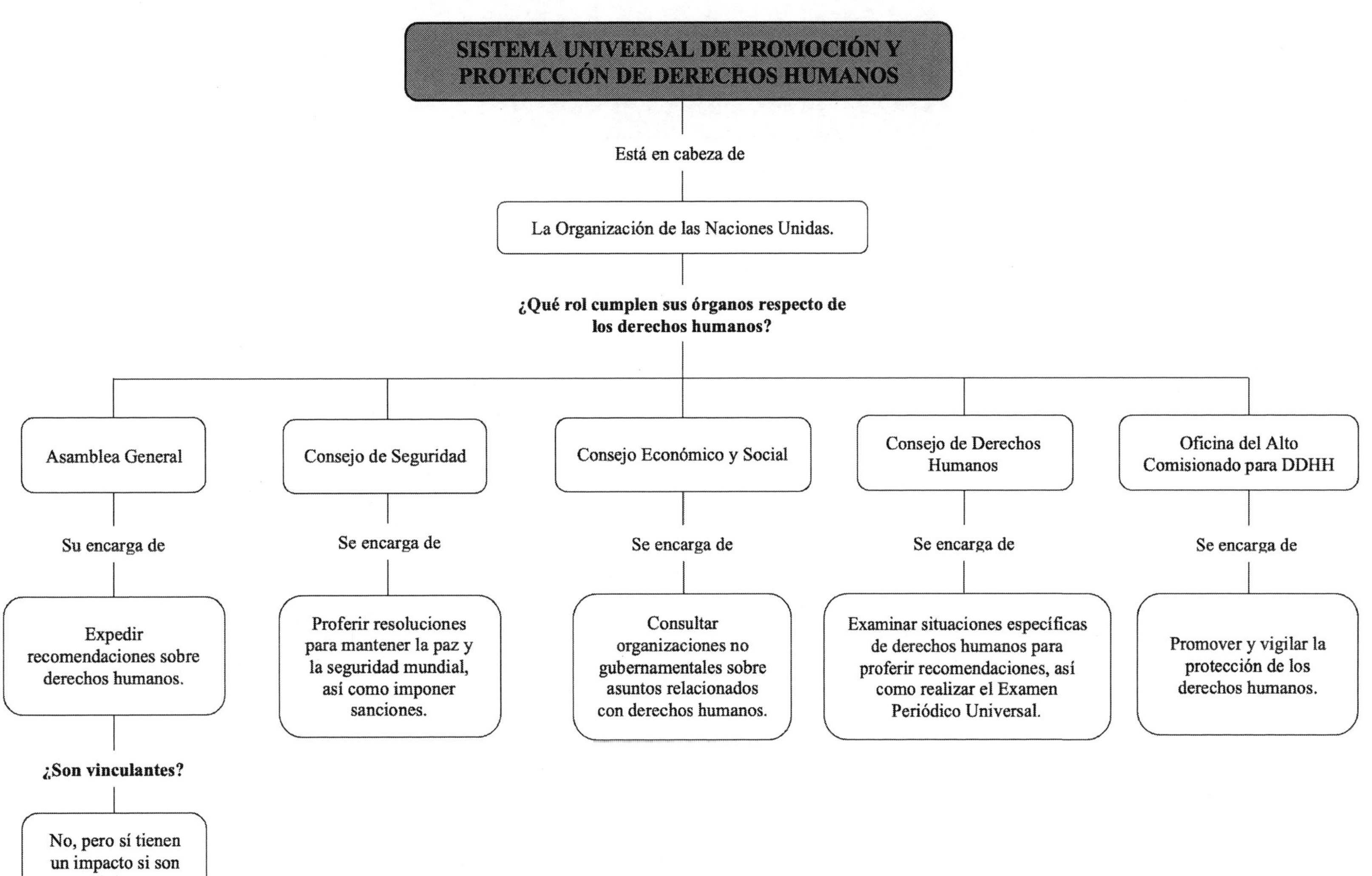
SISTEMA UNIVERSAL DE PROMOCIÓN Y PROTECCIÓN DE DERECHOS HUMANOS
Está en cabeza de
La Organización de las Naciones Unidas.
¿Qué rol cumplen sus órganos respecto de los derechos humanos?
Asamblea General
Consejo de Seguridad
Consejo Económico y Social
Consejo de Derechos Humanos
Oficina del Alto Comisionado para DDHH
Su encarga de
Se encarga de
Se encarga de
Se encarga de
Se encarga de
Expedir recomendaciones sobre derechos humanos.
Proferir resoluciones para mantener la paz y la seguridad mundial, así como imponer sanciones.
Consultar organizaciones no gubernamentales sobre asuntos relacionados con derechos humanos.
Examinar situaciones específicas de derechos humanos para proferir recomendaciones, así como realizar el Examen Periódico Universal.
Promover y vigilar la protección de los derechos humanos.
¿Son vinculantes?
No, pero sí tienen un impacto si son unánimes.

9.1. Funcionamiento del sistema universal de protección de derechos humanos

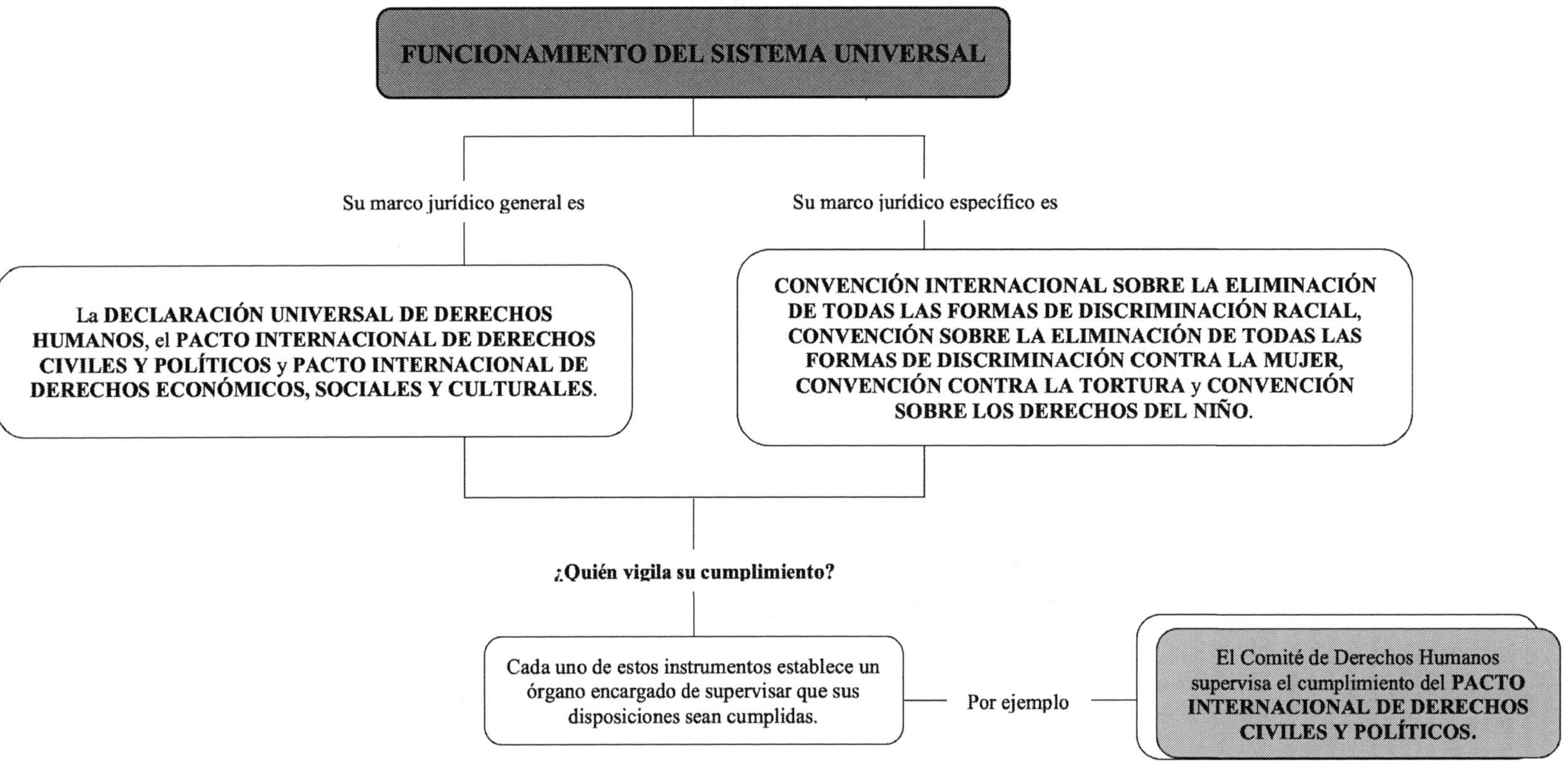
FUNCIONAMIENTO DEL SISTEMA UNIVERSAL
Su marco jurídico general es
Su marco jurídico específico es
La DECLARACIÓN UNIVERSAL DE DERECHOS HUMANOS, el PACTO INTERNACIONAL DE DERECHOS CIVILES Y POLÍTICOS y PACTO INTERNACIONAL DE DERECHOS ECONÓMICOS, SOCIALES Y CULTURALES.
CONVENCIÓN INTERNACIONAL SOBRE LA ELIMINACIÓN DE TODAS LAS FORMAS DE DISCRIMINACIÓN RACIAL, CONVENCIÓN SOBRE LA ELIMINACIÓN DE TODAS LAS FORMAS DE DISCRIMINACIÓN CONTRA LA MUJER, CONVENCIÓN CONTRA LA TORTURA y CONVENCIÓN SOBRE LOS DERECHOS DEL NIÑO.
¿Quién vigila su cumplimiento?
Cada uno de estos instrumentos establece un órgano encargado de supervisar que sus disposiciones sean cumplidas.
Por ejemplo
El Comité de Derechos Humanos supervisa el cumplimiento del PACTO INTERNACIONAL DE DERECHOS CIVILES Y POLÍTICOS.

9.2. Mecanismos Convencionales

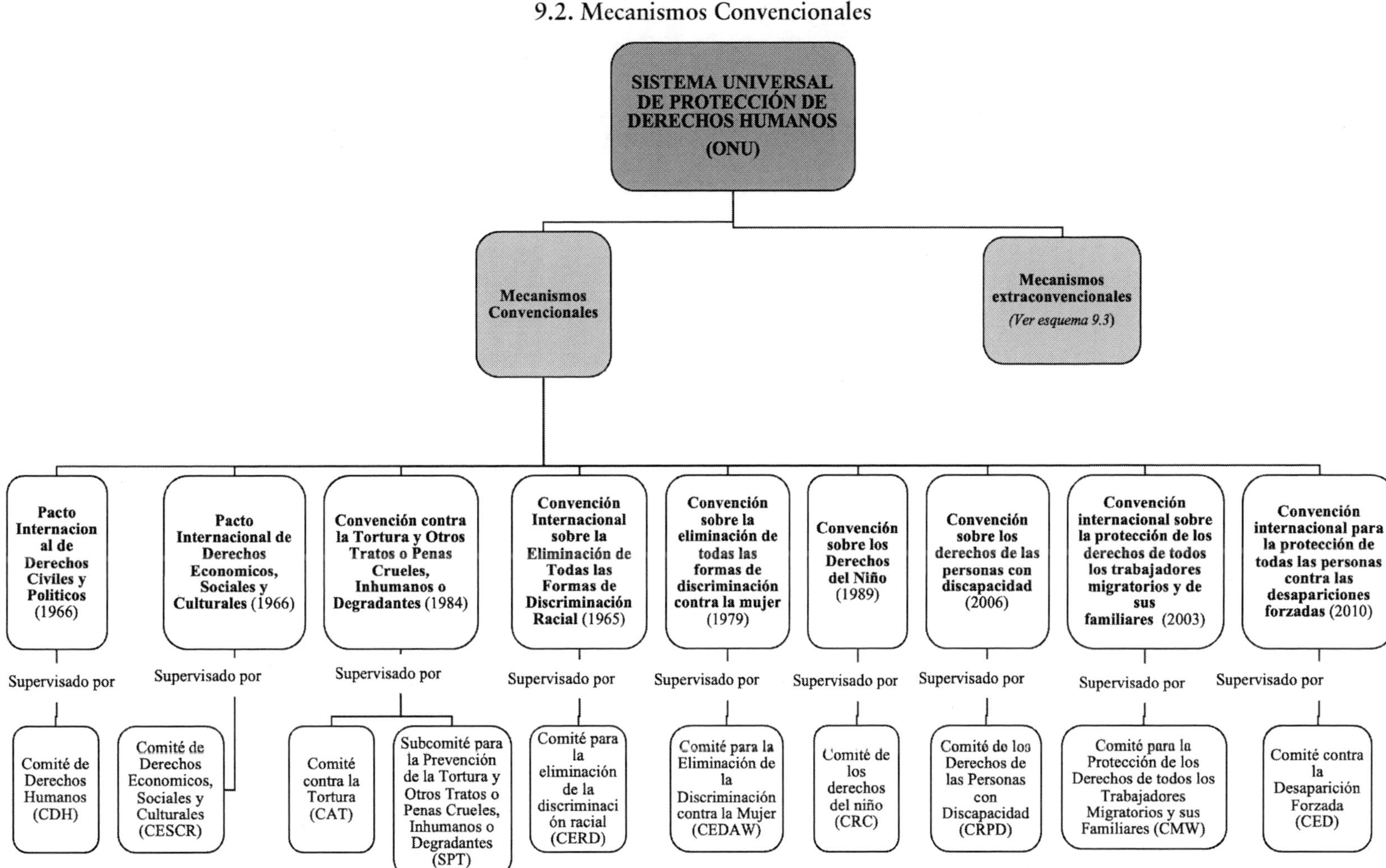

9.3. Mecanismos Extraconvencionales

MECANISMOS EXTRACONVENCIONALES

Derivan de

La Carta De Naciones Unidas

incluyen

Procedimientos especiales (Establecidos por el Consejo de Derechos Humanos de las Naciones Unidas)

Examen Periodico Universal (EPU)

Investigaciones por mandato del Consejo de Derechos Humanos

Expertos designados por el Alto Comisionado de las Naciones Unidas para los Derechos Humanos

Divididos en

46 Mandatos temáticos

14 Mandatos geográficos

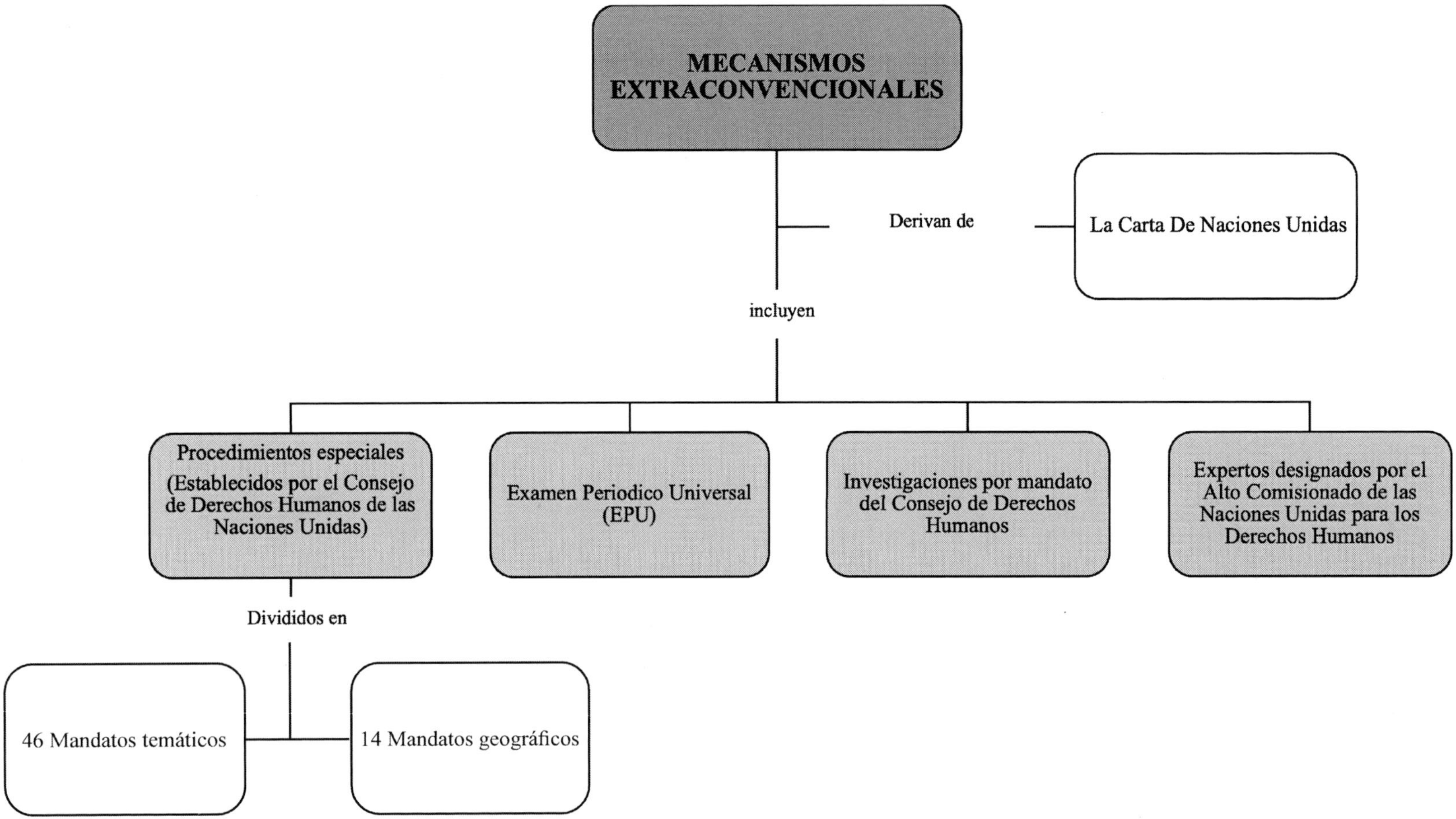

Capítulo 10

SISTEMAS REGIONALES DE PROTECCIÓN DE DERECHOS HUMANOS

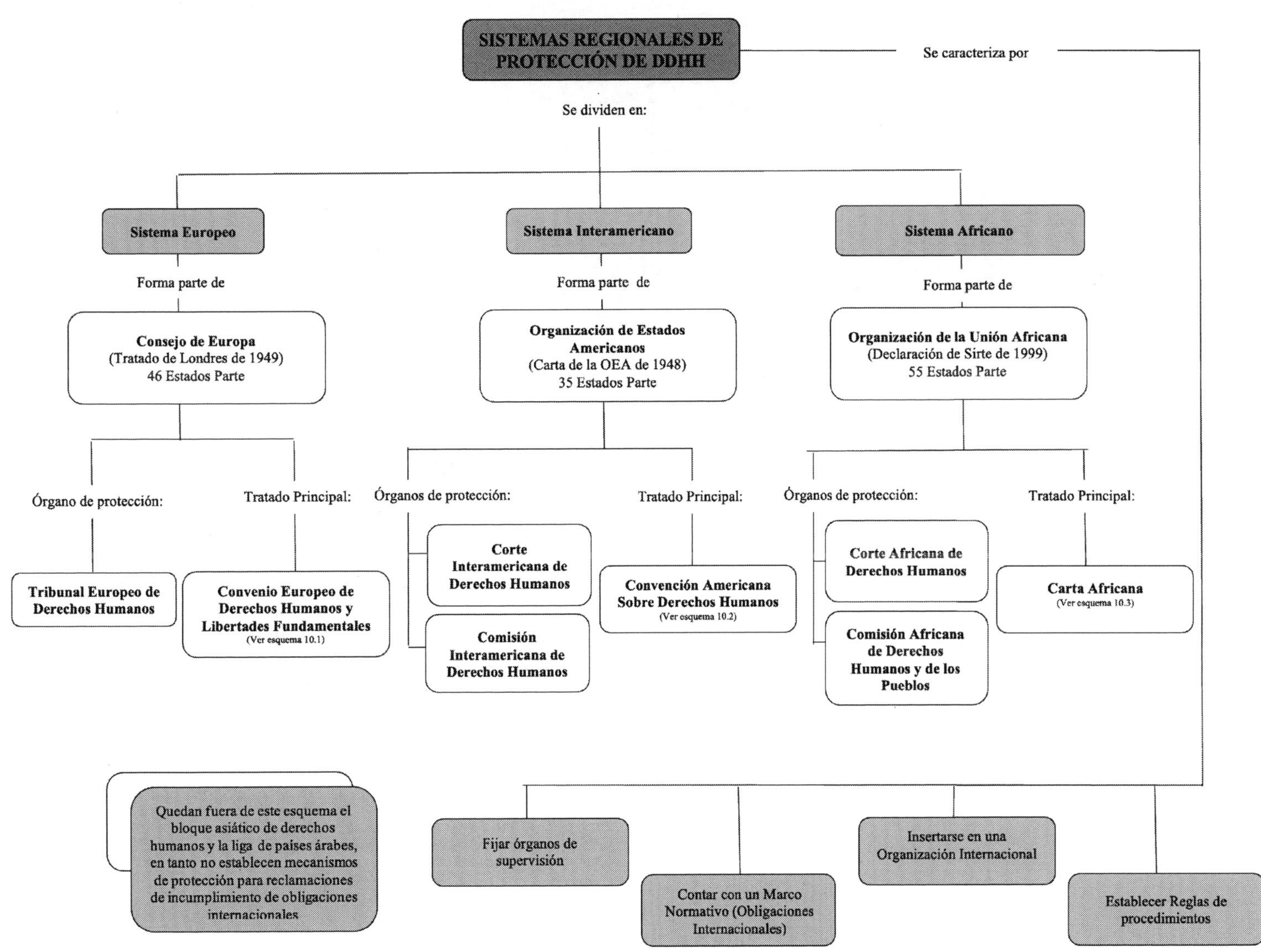
SISTEMAS REGIONALES DE PROTECCIÓN DE DDHH
Se caracteriza por
Se dividen en:
Sistema Europeo
Forma parte de
Consejo de Europa
(Tratado de Londres de 1949)
46 Estados Parte
Órgano de protección:
Tribunal Europeo de Derechos Humanos
Tratado Principal:
Convenio Europeo de Derechos Humanos y Libertades Fundamentales
(Ver esquema 10.1)
Sistema Interamericano
Forma parte de
Organización de Estados Americanos
(Carta de la OEA de 1948)
35 Estados Parte
Órganos de protección:
Corte Interamericana de Derechos Humanos
Comisión Interamericana de Derechos Humanos
Tratado Principal:
Convención Americana Sobre Derechos Humanos
(Ver esquema 10.2)
Sistema Africano
Forma parte de
Organización de la Unión Africana
(Declaración de Sirte de 1999)
55 Estados Parte
Órganos de protección:
Corte Africana de Derechos Humanos
Comisión Africana de Derechos Humanos y de los Pueblos
Tratado Principal:
Carta Africana
(Ver esquema 10.3)
Quedan fuera de este esquema el bloque asiático de derechos humanos y la liga de países árabes, en tanto no establecen mecanismos de protección para reclamaciones de incumplimiento de obligaciones internacionales
Fijar órganos de supervisión
Contar con un Marco Normativo (Obligaciones Internacionales)
Insertarse en una Organización Internacional
Establecer Reglas de procedimientos

10.1. Sistema Europeo

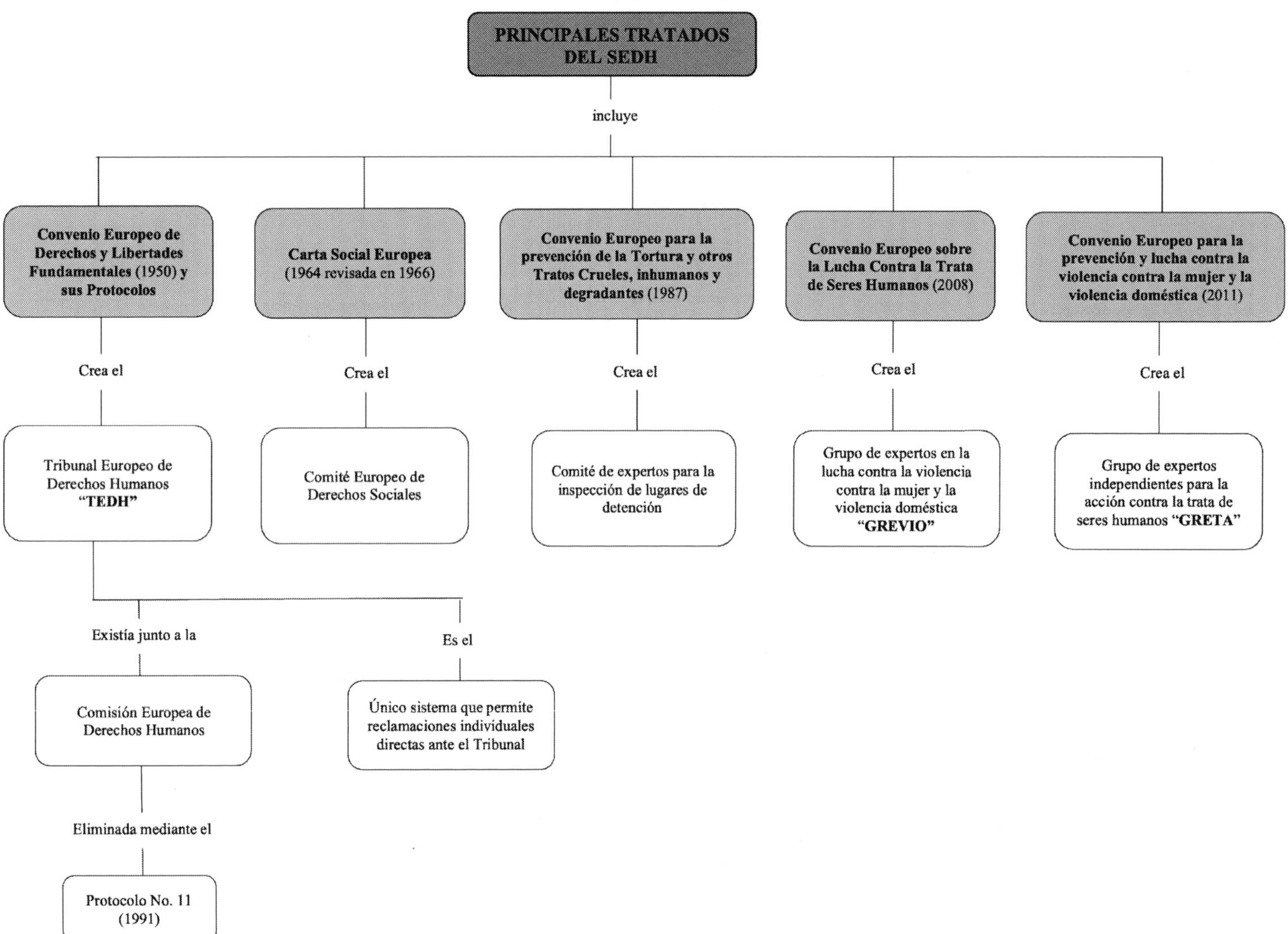

10.1.1. Sistema Europeo – Tribunal Europeo de Derechos Humanos I

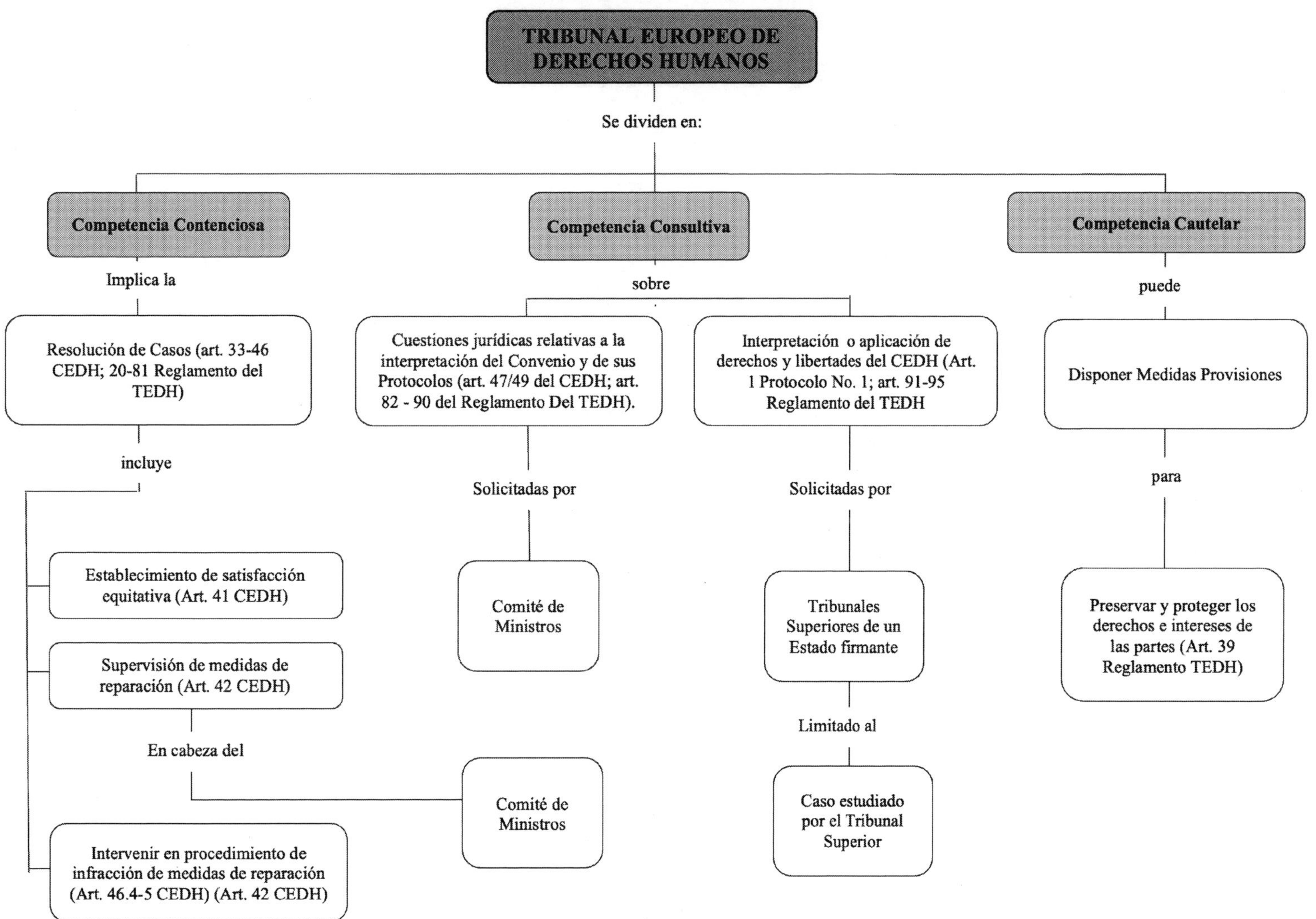

10.1.2. Sistema Europeo – Tribunal Europeo de Derechos Humanos II

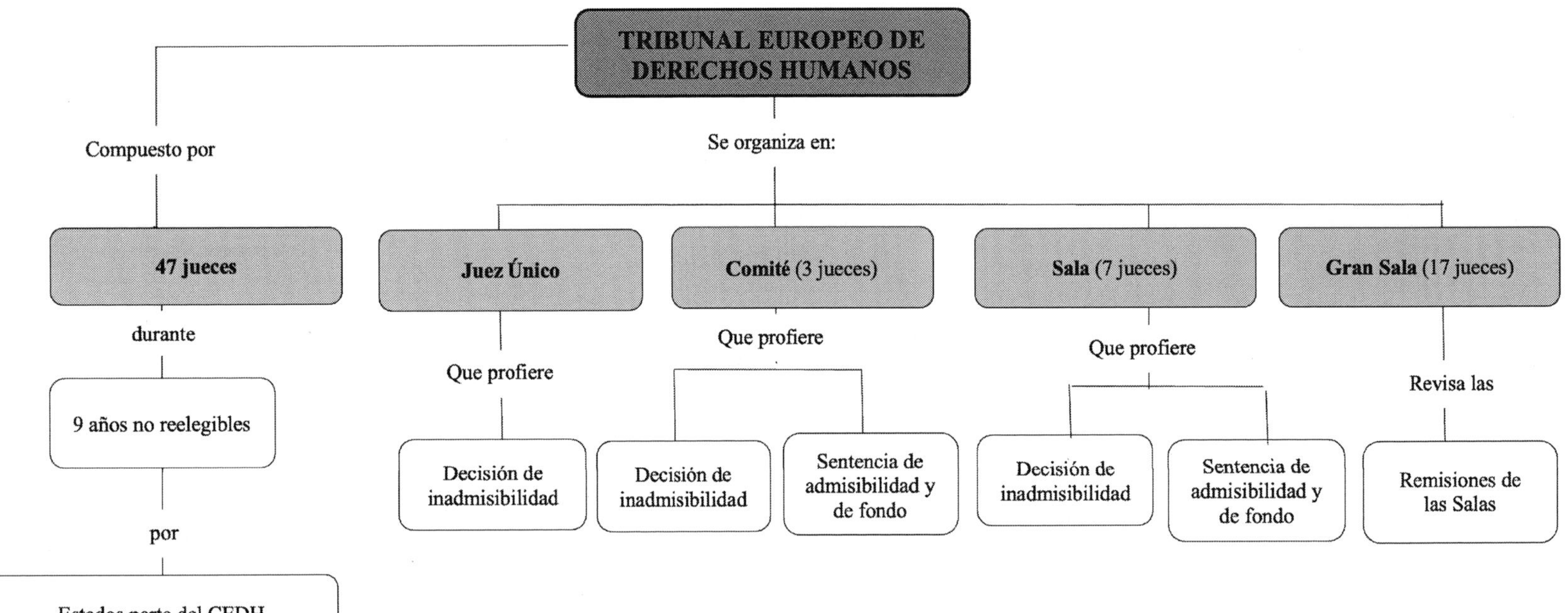

10.2. Sistema Interamericano

PRINCIPALES INSTRUMENTOS DEL SIDH

incluye

- **Declaración Americana sobre Derechos y Deberes del Hombre** (1948)
- **Convención Americana sobre Derechos Humanos y sus Protocolos** (1969)
- **Convención Interamericana para Prevenir y Sancionar la Tortura** (1985)
- **Convención Interamericana para Prevenir, Sancionar y Erradicar la Violencia Contra la Mujer Belem do Pará** (1994)
- **Convención Interamericana sobre Desaparición Forzada de Personas** (1994)
- **Carta Democrática Interamericana** (2011)
- **Convención Interamericana Contra Toda Forma de Discriminación e Intolerancia** (2013)
- **Convención Interamericana sobre la Protección de los Derechos Humanos de las Personas Mayores** (2013)
- **Convención Interamericana para la Eliminación de todas las Formas de Discriminación contra las Personas con Discapacidad** (1999)

Son conocidos por la

- Comisión Interamericana de Derechos Humanos
- Corte Interamericana de Derechos Humanos

Convención Interamericana para la Eliminación de todas las Formas de Discriminación contra las Personas con Discapacidad — Crea el → Comité para la Convención Interamericana para la Eliminación de todas las Formas de Discriminación contra las Personas con Discapacidad (Mecanismo de seguimiento)

Convención Interamericana Contra Toda Forma de Discriminación e Intolerancia — Crea el → Comité Interamericano para la Prevención y Eliminación del Racismo, la Discriminación Racial y Todas las Formas de Discriminación e Intolerancia (Mecanismo de seguimiento)

Convención Interamericana sobre la Protección de los Derechos Humanos de las Personas Mayores — Crea el → Conferencia de Estados Parte y un Comité de Expertos (Mecanismos de seguimiento)

10.2.1 Comisión Interamericana de Derechos Humanos

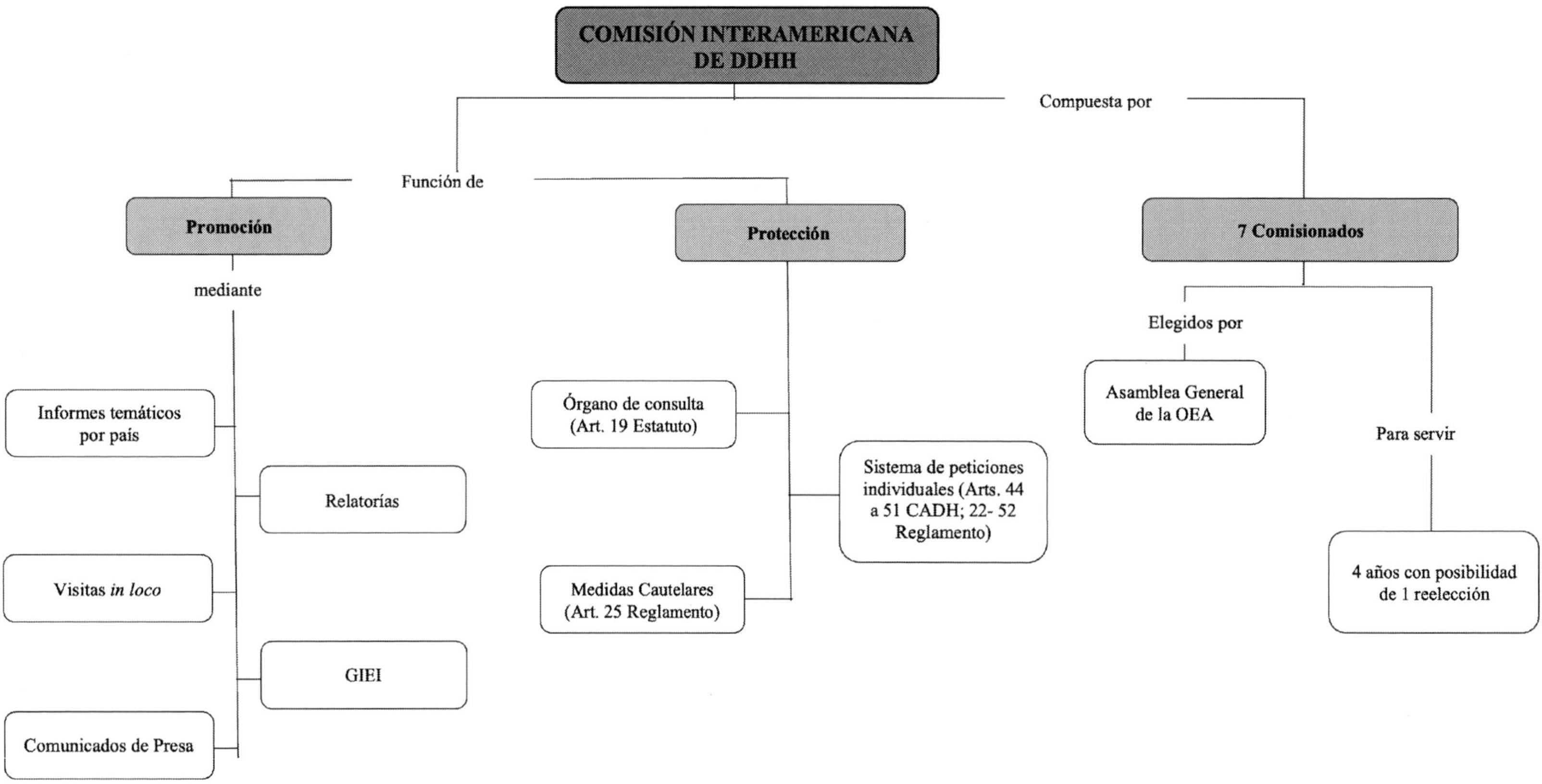

10.2.2 Corte Interamericana de Derechos Humanos

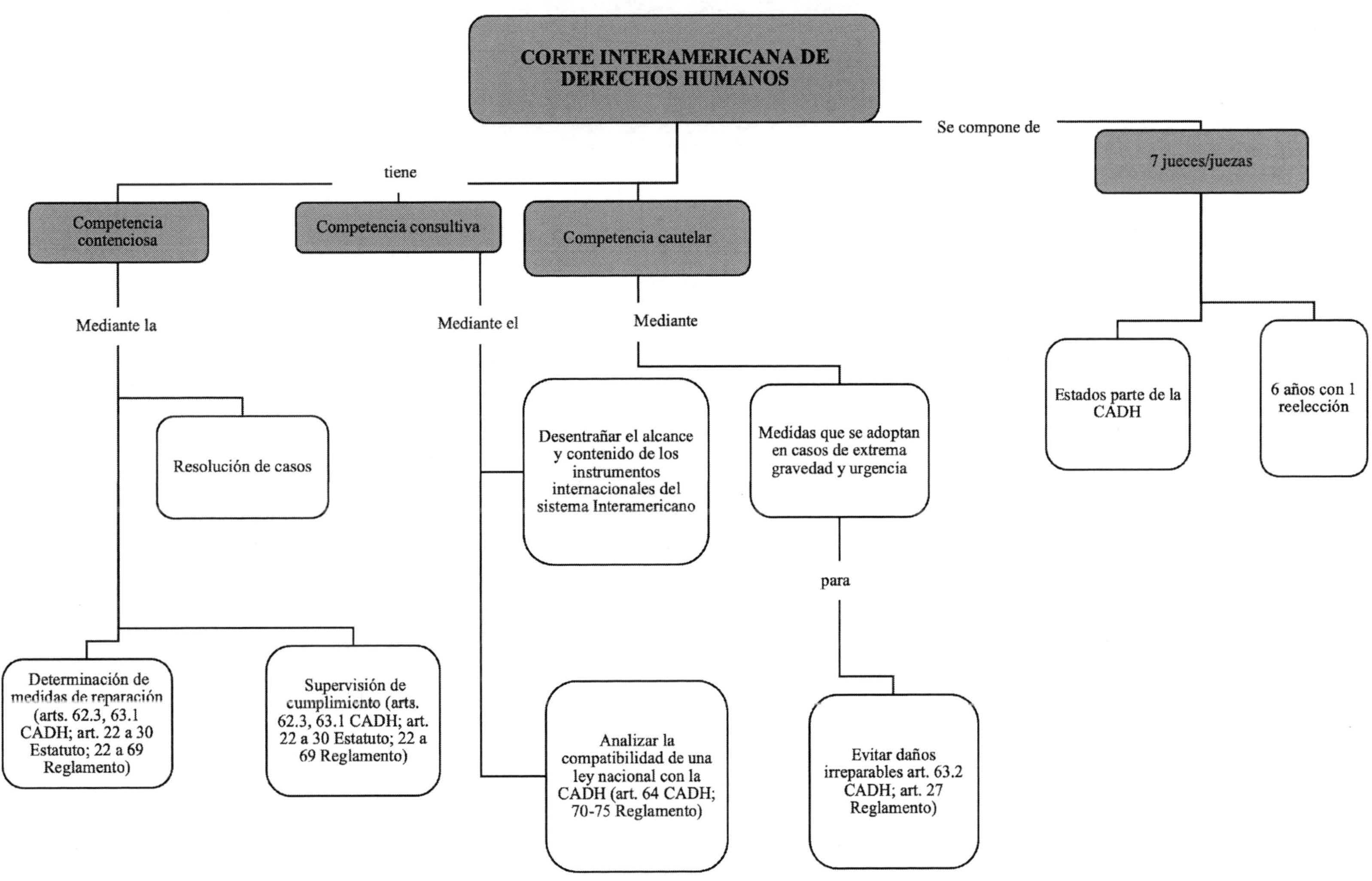

10.3. Sistema Africano de Derechos Humanos

PRINCIPALES TRATADOS DEL SISTEMA REGIONAL AFRICANO DE PROTECCIÓN DE DERECHOS HUMANOS Y DE LOS PUEBLOS

incluye

- **Carta Africana de Derechos Humanos y de los Pueblos** (1981)
  - Es conocido por: Comisión Africana de Derechos Humanos y de los pueblos; Corte Africana de Derechos Humanos y de los Pueblos
- **Convención de la Unión Africana sobre los Problemas de los Refugiados** (1969)
  - Es conocido por: Comisión de Mediación, Conciliación y Arbitraje de la Organización de la Unidad Africana
- **Carta Africana sobre los Derechos y el Bienestar del Niño** (1990)
  - Es conocido por: Comité Africano de Expertos sobre los Derechos y el Bienestar del Niño (ACERWC)
- **Protocolo a la Carta Africana sobre los Derechos de la Mujer en África *-Protocolo de Maputo-***(2003)
  - Es conocido por: Comisión Africana de Derechos Humanos y de los pueblos
- **Protocolo a la Carta Africana sobre los Derechos de las Personas con discapacidad** (2018)
  - Es conocido por: Comisión Africana de Derechos Humanos y de los pueblos; Corte Africana de Derechos Humanos y de los Pueblos
- **Protocolo de la Carta Africana de Derechos Humanos y de los Pueblos relativo a los aspectos específicos del derecho a la nacionalidad y a la erradicación de la apatridia en África** (2024)
  - Es conocido por: Comisión Africana de Derechos Humanos y de los pueblos; Corte Africana de Derechos Humanos y de los Pueblos

10.3.1 Comisión Africana de Derechos Humanos

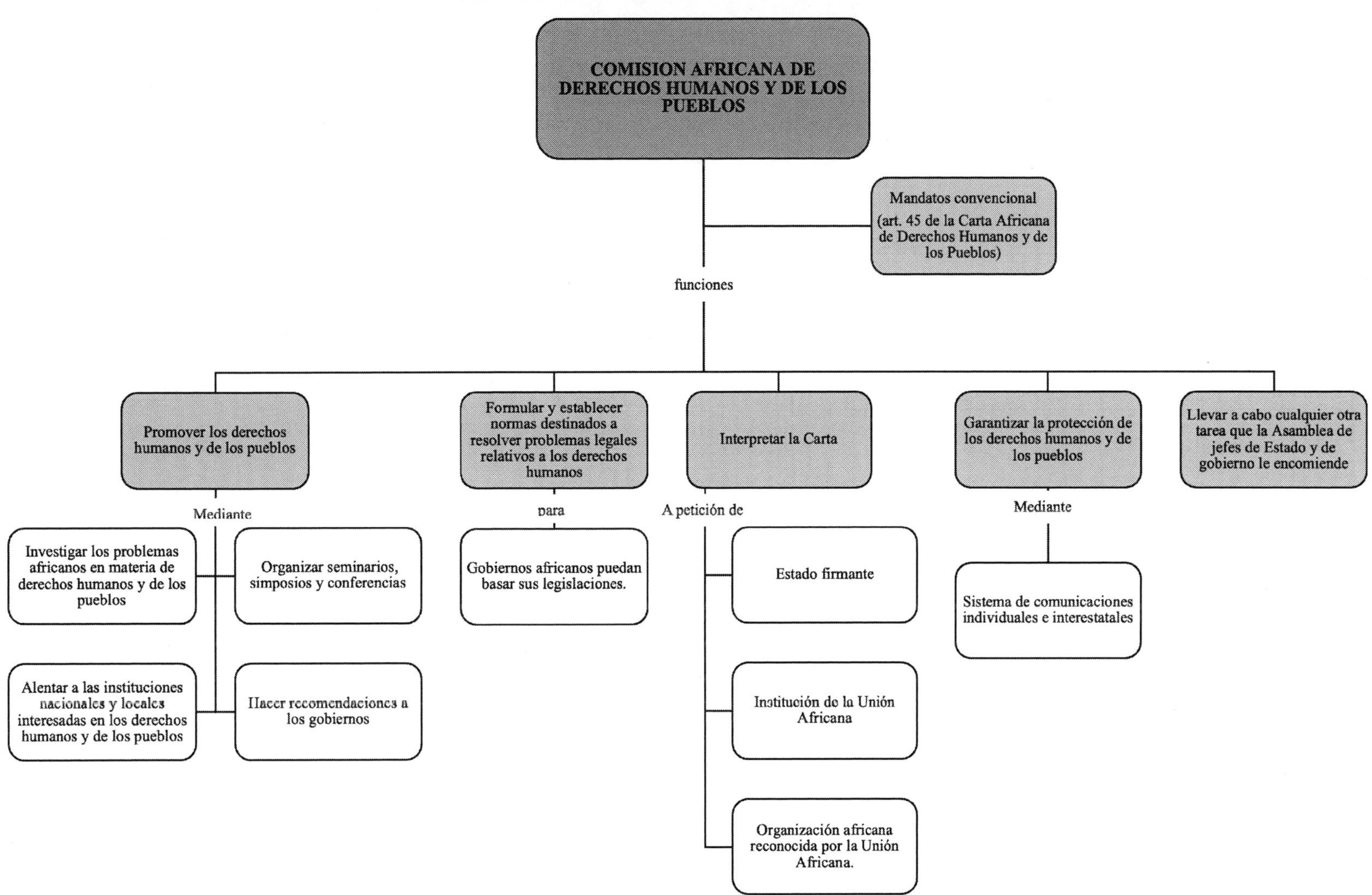

10.3.2 Corte Africana de Derechos Humanos y de los Pueblos

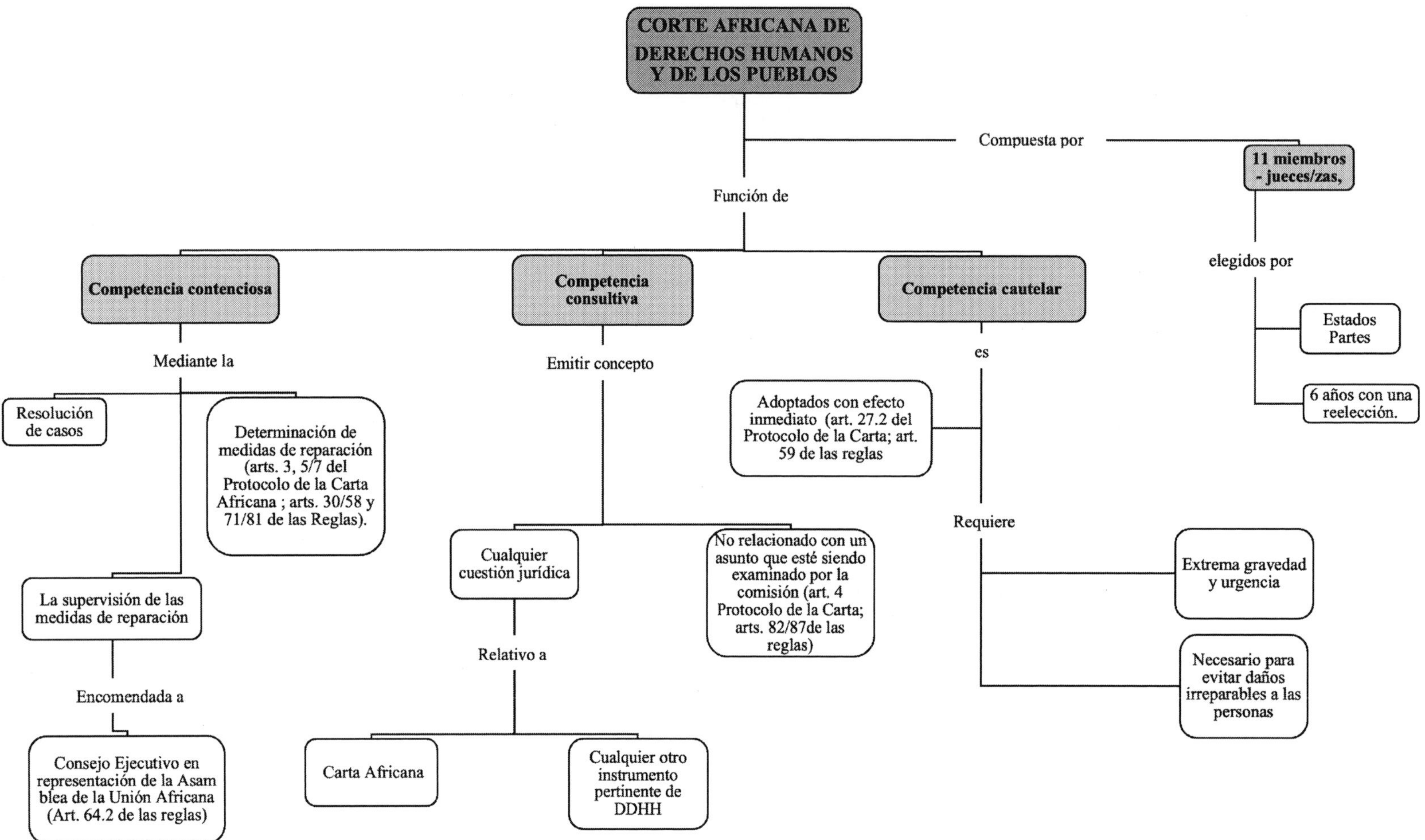

Equipo de Trabajo

Los siguientes investigadores contribuyeron en distintos capítulos con el autor[1] del presente libro, con sus indispensables labores de recolección de información, documentación de los cursos dictados por el autor, revisión jurisprudencial, investigación, diagramación, edición, revisión.

Capítulo 1: Sujetos del Derecho Internacional	Andrea Guerrero Huertas
Capítulo 2: Fuentes del Derecho Internacional	Viviana Diab, Gabriel Andrés Concha Botero
Capítulo 3: Responsabilidad Internacional por Hecho Internacionalmente Ilícito	Sarah Viviana Diab
Capítulo 4: Corte Internacional de Justicia	Sarah Viviana Diab
Capítulo 5: Principales Órganos de Naciones Unidas	Sarah Viviana Diab
Capítulo 6: Tribunal del Mar	Isabella Echeverri
Capítulo 7: Organización Mundial del Comercio	Isabella Echeverri

1 Walter Arévalo Ramírez es Profesor principal de carrera académica de la Facultad de Jurisprudencia de la Universidad del Rosario. Máster en Derecho Internacional y asistente de investigación de la Stetson University College of Law, especialista en Derecho Constitucional, abogado y politólogo de la Universidad del Rosario, Doctor en Derecho summa cum laude de la Universidad del Rosario. Investigador posdoctoral visitante. Max Planck Institute for Comparative Public Law and International Law. Director local del Proyecto BRIDGE de la red Jean Monnet de la Comisión Europea cofinanciado por el Programa Erasmus+ de la Unión Europea y miembro del Consejo editorial del Latin American Journal of European Studies del Latin American Center for European Studies. Tutor de la Academia de Derecho Internacional de la Haya (2019) Fellow del Programa de difusión y perfeccionamiento del derecho internacional de la Oficina de asuntos legales de Naciones Unidas, investigador visitante de la Universidad de la Haya para las Ciencias Aplicadas, La Universidad Ártica de Noruega (JCLOS) y la Universidad de Copenhague (iCourts). Miembro del Anuario Colombiano de Derecho Internacional. Miembro del Consejo Académico de la Revista Iberoamericana de Derecho Internacional y de la Integración (UBA-Argentina). Miembro del Consejo Académico de la Revista de Direito International e Direitos Humanos UFRJ: Universidade Federal do Rio de Janeiro (Brasil). Presidente de la Academia Colombiana de Derecho Internacional. Profesor del Curso de Formación Diplomática de la Academia Diplomática Augusto Ramírez Ocampo, Ministerio de Relaciones Exteriores de la República de Colombia. Co-Director de la especialización en derecho internacional y Director del Grupo de Investigación en derecho internacional de la Universidad del Rosario. Director de la Red Latinoamericana de Revistas de Derecho Internacional. Asociado del Instituto Hispano Luso Americano de Derecho Internacional (1951). Electo para el grupo nacional de Colombia en 2022. Miembro de la American Bar Association, t International Law Association y la International Bar Association. walter.arevalo@urosario.edu.co https://orcid.org/0000-0002-8501-5513

Capítulo 8: CIADI	Isabella Echeverri,
Capítulo 9: Sistema Universal de Protección de Derechos Humanos	Isabella Echeverri, Andres Rousset Siri, Gabriel Andrés Concha Botero
Capítulo 10: Sistemas Regionales de Protección de Derechos Humanos	Andres Rousset Siri, Gabriel Andrés Concha Botero

Bibliografía sugerida

Capítulo 1: Sujetos del Derecho Internacional Público

- Crawford, James. *The creation of states in international law*. Oxford University Press, 2006.
- Dickinson, Edwin D. «The Clipperton Island Case». *American Journal of International Law* 27.1 (1933): 130-133.
- Jennings, Robert Yewdall, Kohen, Marcelo. *The acquisition of territory in international law*. Oxford University Press, 2017.
- Arévalo-Ramírez, Walter, "Manual de Derecho Internacional Público: Fundamentos, Tribunales Internacionales y Casos de Estudio, 2ª edición, Tirant. 2020.

Capítulo 2: Fuentes de Derecho Internacional Público

- Abello-Galvis, Ricardo, Arévalo-Ramírez, Walter, «The influence of the Latin American doctrine on International Law: The rise of Latin American doctrines at The Hague Academy during the early twentieth century». *Latin America and the International Court of Justice*. Routledge (2016), 37-49.
- Brownlie, Ian. *Principles of Public International Law*. Oxford University Press, 2008.

Capítulo 3: Responsabilidad Internacional del Estado

- Comisión de Derecho Internacional. «Draft conclusions on identification and legal consequences of peremptory norms of general international law (jus cogens) 2022». *Yearbook of the International Law Commission*, 2022, vol. II, Part Two.
- Crawford, James. «The ILC's articles on responsibility of states for internationally wrongful acts: a retrospect». *American Journal of International Law* 96.4 (2002): 874-890.
- Crawford, James. *The International Law Commission's articles on state responsibility: introduction, text and commentaries*. Cambridge University Press, 2002.
- Fitzmaurice, G. «The foundations of the authority of international law and the problem of enforcement». *The Modern Law Review* 19.1 (1956): 1-13.
- Forteau, Mathias. «Droit international public». Lextenso Éditions, 2009.
- Kelsen, Hans. «Les rapports de système entre le droit interne et le droit international public». *RCADI* (1926-IV), 227-329.
- Arévalo-Ramírez, Walter. "State Responsibility." Public International Law. Routledge, 2024. 333-345.

Capítulo 4: Corte Internacional de Justicia

- Abello-Galvis, Ricardo, *Introduction to the International Court of Justice*. Universidad del Rosario (2013).

- Arévalo Ramírez, Walter, «The International Court of Justice and the international humanitarian law rules for armed conflicts». *Revista Científica General José María Córdova*, 20(38), 2022, p. 425–442.
- Arévalo Ramírez, Martínez, Juan Ramón, Godio, Leopoldo, Quijano, Laura, «La Corte Internacional de Justicia», en Olasolo, H., Buitrago N. E., Bonilla, V. & Canosa, J. (coords.), *Alcance y Limitaciones de la Justicia Internacional* (Valencia: Tirant lo Blanch, Instituto Iberoamericano de La Haya & Instituto Joaquín Herrera Flores, 2018).
- Kolb, Robert. *The International Court of Justice*. Bloomsbury Publishing, 201
- Madsen, Mikael Rask, Cebulak, Pola, Wiebusch, Micha. «Backlash against international courts: explaining the forms and patterns of resistance to international courts». *International Journal of Law in Context* 14.2 (2018): 197-220

Capítulo 5: Naciones Unidas

- Franck, Thomas M. *Recourse to force: state action against threats and armed attacks*. Cambridge University Press, 2002.
- Ghafur, Hamid. «The legality of anticipatory self-defence in the 21st century world order: a reappraisal». *Netherlands International Law Review (NILR)* 54.3 (2007): 441-490.
- Gutiérrez Espada, C. «Los Atentados del 11 de septiembre, la operación "libertad duradera" y el derecho a la legítima defensa». *REDI* 53 (2001): 247-271.

Capítulo 6: Tribunal del Mar

- Abello-Galvis, Ricardo, «Eaux et baies historiques en droit international». *Estudios Socio-Jurídicos* 5.1 (2003): 33-76.
- Anderson, David H., «The status under international law of the maritime areas around Svalbard». *Ocean Development & International Law* 40.4 (2009): 373-384.
- Arévalo, Walter, Martínez, Juan Ramón, Godio, Leopoldo, Quijano, Laura, «El Tribunal del Mar», en Olasolo, H., Buitrago N. E., Bonilla, V. & Canosa, J. (coords.), *Alcance y Limitaciones de la Justicia Internacional* (Valencia: Tirant lo Blanch, Instituto Iberoamericano de La Haya & Instituto Joaquín Herrera Flores, 2018).
- García-Amador, F. V. «The Latin American contribution to the development of the law of the sea». *American Journal of International Law* (1974): 33-50.
- Godio, Leopoldo. «La pronta liberación de buques en la jurisprudencia del Tribunal Internacional del Derecho del Mar». *Revista Electrónica del Instituto de Investigaciones Jurídicas y Sociales «Ambrosio L. Gioja»* (2012): 61-79.
- Godio, Leopoldo. «Las declaraciones de los Estados y la Convención de las Naciones Unidas sobre el Derecho del Mar de 1982». *Anuario Mexicano de Derecho Internacional* 18 (2018): 105-154.
- Godio, Leopoldo. «Law of the Sea, From Grotius to the International Tribunal for the Law of the Sea». *Liber Amicorum Judge Hugo Caminos* (2016): 388-390.

- Infante Caffi, María Teresa. «The Pact of Bogotá: cases and practice». *Anuario Colombiano de Derecho Internacional (ACDI)* 10 (2017): 85-116.
- Martínez Vargas, Juan Ramón. *Tratado de derecho del mar*. Tirant lo Blanch, 2017.
- Vega-Barbosa, Giovanny, Serebrenik-Beltrán, Steffany, Aponte-Martínez, María Camila, «Co- lombia y la convención de Naciones Unidas sobre el derecho del mar: análisis jurídico frente al dilema de la ratificación». Revista chilena de derecho 45.1 (2018): 105-130.

Capítulo 7: Organización Mundial del Comercio y Derecho Económico Internacional

- European Commission. *Index for Risk Management, DRMKC*, 2022.
- Jackson, John H. «The case of the World Trade Organization». *International Affairs* 84.3 (2008): 437-454.
- Kennedy, Matthew. «Why are WTO Panels Taking Longer-And What Can Be Done about It». *J. World Trade* 45 (2011): 221-253.
- Lester, Simon, Mercurio, Bryan, Davies, Arwel. *World trade law*. Hart Publishing, 2012.

Capítulo 8: Derecho Internacional de Inversiones y Arbitraje

- Alexandrov, Stanimir A., «The "Baby Boom" of Treaty-Based Arbitrations and the Jurisdiction of ICSID Tribunals: Shareholders as "Investors" and Jurisdiction Ratione Temporis». *The Law and Practice of International Courts and Tribunals* 4.1 (2005): 19-59.
- Arévalo Ramírez, Walter, García, Laura, «Arbitraje de inversión. Definición y aspectos procesales relevantes: principios generales y desarrollos en el CIADI», en *Estudios contemporáneos de derecho internacional privado*. Legis Editores, 243-278 (2016).
- Baldwin, Edward, Kantor, Mark, Nolan, Michael, «Limits to enforcement of ICSID awards». *Journal of International Arbitration* 23 (2006): 1.
- Banifatemi, Y., *The Law Applicable in Investment Treaty Arbitration*. 10 de junio de 2010. Disponible en Shearman.
- De Brabandere, Eric. *Investment treaty arbitration as public international law: procedural aspects and implications*. Cambridge University Press, 2014.
- Dolzer, R. C., Schreuer. *Principles of International Investment Law*. Oxford University Press, 2012.
- Gaillard, Emmanuel, Banifatemi, Yas. «The Meaning of 'and' in Article 42 (1), Second Sentence, of the Washington Convention». *ICSID Review* 18 (2003): 375-411.
- Gaillard, Emmanuel. «Identify or define? Reflections on the evolution of the concept of investment in ICSID practice». *International Investment Law for the 21st Century: Essays in Honour of Christoph Schreuer* (2009): 403-416.
- Grané, Patricio. *Guía práctica de solución de diferencias en la OMC*. 2008.
- Masia Fernández, Enrique. *Arbitraje en materia de inversiones. Duplicidad de procedimientos en la solución de controversias en materia de inversiones*. UNAM, 2010.

Capítulo 9: Sistema Universal de Protección de Derechos Humanos

- Annan, Kofi, «Un concepto más amplio de la libertad: desarrollo, seguridad y derechos humanos para todos». UN. 21 mar (2005).

- Galvao, Patricia. *The Advisory Function of International Courts and Tribunals*. Winter Course 2024, Hague Academy of International Law.
- Hennebel, Ludovic y Tigroudja, Hélène. *Traité de droit international des droits de l'homme*. Éditions Pédonne, París, 2016.

Capítulo 10: Sistemas Regionales de Protección de Derechos Humanos:

- Ángel Cabrera, Daniel Cerqueira y Salvador Herencia, *Comentarios a la sentencia de la Corte Interamericana sobre el Caso Lhaka Honhat Vs. Argentina*. Justicia en las Américas, 30 de abril de 2020.
- Arévalo Ramírez, Walter, Holker, Veronika, «La jurisdicción especial para la paz y la corte penal internacional: concurrencias y desaciertos frente al derecho penal internacional, el Estatuto de Roma y otras experiencias de justicia». *Revista de la Asociación Diplomática y Consular de Colombia* 22.22 (2018): 48.
- Baena Ricardo y otros vs. Panamá (Competencia), Sentencia, 28 de noviembre de 2003, Serie C No. 104.
- Ferrer Mac-Gregor, Eduardo, Morales Antoniazzi, Mariela y Flores Pantoja, Rogelio (eds.). *El caso Lhaka Honhat vs. Argentina y las tendencias de su interamericanización*. México, 2021.
- Goldman, Robert K. «History and Action: The Inter-American Human Rights System and the Role of the Inter-American Commission on Human Rights». *Human Rights Quarterly* 31.4 (2009): 856, 859.
- Ibáñez Rivas, Juana María. «La justiciabilidad directa de los derechos económicos, sociales, culturales y ambientales». En Mariela Morales Antoniazzi, Liliana Roncoli y Laura Clérico (eds.), *Interamericanización de los DESCA - El Caso Cuscul Pivaral de la Corte IDH*. México, 2020.
- Rousset Siri, Andrés y Bayardi Martínez, Cintia, *Breves notas sobre el Sistema Interamericano de Derechos Humanos*, Mendoza, U.N.Cuyo, 2021

tirant
PRIME